발달지체아를 위한
미술활동의 실제

김경민 · 양경희 저

 다음세대

머리말

20여 년 동안 한결같은 마음으로 장애아들을 지도해 오신 김경민 선생님과 함께 이 책을 출간하게 되어 매우 기쁘게 생각합니다.

미술 교육 분야에 투신을 한 이후 항상 안타깝게 생각한 것은 '장애아들을 위한 미술'이라면 의례히 미술 치료를 먼저 떠올린다는 것입니다. 대부분의 사람들이 장애아들을 미술을 창조하고 향유하는 미술 주체로 바라보는 것이 아니라 미술을 통해 치료를 받아야 하는 대상으로만 인식합니다. 하지만 장애아들도 미술에 대한 미적 교감을 나눌 수 있는 주체이자 미술을 창조할 수 있는 잠재적 미술가들입니다.

그리고 장애아들을 위한 미술 교육의 중요성에 대해 이야기를 하면, "지금 장애아들에게 가장 시급한 문제는 미술이 아닙니다. 일상 생활 훈련, 사회 적응 학습과 기술 교육, 또 경제적으로나 사회적으로 자립할 수 있도록 하는 것이 더 중요합니다. 장애아들에게 미술 교육이 필요하다는 것은 알고 있지만 더 급한 것이 먼저입니다. 감상에 치우친 교육이 아닌 현실적인 것을 생각해야 해요"라고들 합니다. 이러한 생각은 미술에 대한 편견을 반영한 것입니다. 대부분의 사람들은 미술 교육이야말로 이런 시급한 문제들을 해결할 수 있는 최선의 방법인 것을 모르고 있습니다. 장애아들이 사회에서 자기 자리를 찾기 위해서는 먼저 자신에 대한 정체성 확인과 주체적인 자각이 필요합니다. 즉 정상적인 사회인이 되기 위해서는 자기 자신에 대한 믿음이 우선되어야 합니다. 미술 교육은 자신에 대한 믿음을 확립하기 위한 중요한 계기와 방법을 마련해 줄 수 있으며 장애아의 기본 학습 태도와 일상 생활 훈련, 사회성 발달 등에도 구체적으로 도움을 줄 수 있습니다.

이 책은 주로 발달이 지체되어 있는 아동들을 위한 미술활동 프로그램으로 구성되어 있으며, 장애아들에게 미술을 가르치고 있는 현장의 교사들에게 많은 도움이 되리라 믿습니다.

마지막으로 「발달지체아를 위한 미술활동의 실제」가 출간될 수 있도록 애써주신 〈다음세대〉 편집부 여러분들께 감사드립니다.

2005년 4월 5일   김경민 · 양경희

차 례

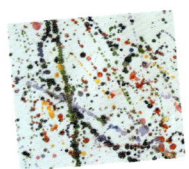
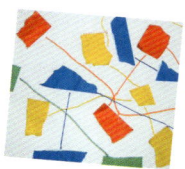
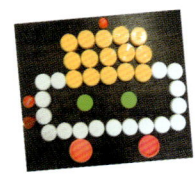

1. 여러 가지 점 모양 그리기

교육과정 관련요소

· 건강 생활 – 기본 운동 능력:조작 운동하기
· 표현 생활 – 탐색:형태 탐색하기
· 탐구 생활 – 과학적 탐구:우리 몸에 대하여 알아보기

참고 자료
친구

준비물
흰 도화지(8절지 이상 크기), 여러 가지 빛깔의 유성마커

사전 준비
친구의 얼굴이나 팔 등에 있는 점을 살펴본다.
⇨ "여기 점이 있어요. 점! 어? 팔에도 있고 …"
신체에 있는 점을 찾아 보고 점의 느낌에 익숙하도록 한다.

활동 내용
① 도화지 위에 유성마커로 점을 찍는다.
⇨ "점 나와라 뚝딱", "콕콕콕 …" 등 재미있는 말로 점 찍는 활동을 유도하며 아동도 점을
찍을 때 "콕콕콕" 등의 소리를 표현하도록 유도한다.
② 빛깔을 바꿔 가며 찍는다.
③ 점을 일렬로 찍어 선이 되도록 한다.
④ 도화지 위에 점을 찍고 나면 그 모양이 무엇과 비슷한지 이야기한다.
⇨ 교사가 점을 연결하여 모양을 만들어 주고, 그것이 무엇처럼 보이는지 이야기한다.
⑤ 완성된 ④의 도화지에 제목을 붙여서 벽에 전시한다.

아동의 반응 및 교사의 지원
① 점을 찍지 못 하고 색칠 하듯이 그리는 아동이 있을 때 교사는 아동의 손을 잡고 함께 점
을 찍어 보거나, 또는 펜을 잡은 교사의 손 위에 아동이 손을 올려놓게 하여 점을 찍어 보
다가 점차 아동의 손에서 도움을 줄여 주어 아동 혼자서도 찍을 수 있게 한다.
② 아동이 유성마커를 잡을 때 바른 자세로 잡는 것이 바람직하나 강요할 필요는 없다. 아동
이 편하게 잡도록 한다.
③ 아동이 너무 힘을 주어 찍으면 펜이 망가질 수도 있다. 처음에는 교사가 아동의 손을 잡아
살살 찍는 것을 경험하도록 하고, 다시 "살살" "천천히"등 언어로 지시하여 손가락 끝의
힘을 조절할 수 있도록 한다.

④ 일부분에만 점을 찍는 아동은 도화지 전체에 골고루 찍을 수 있도록 말로 지시하거나 손을 잡아 유도한다.

⑤ 책상 위에서의 활동이 쉽지 않은 아동은 벽에 전지를 붙여 주고 서서 활동하도록 한다.

● 응 용 과 발 전 학 습

응용 학습 : ① 교사와 아동이 교대로 한 번씩 찍는다.

　　　　　　　⇨ 빨강, 노랑, 빨강, 노랑 … 번갈아 가며 찍는다.

　　　　　　　⇨ 친구와 교대로 찍는다.

　　　　　② 도화지를 길게 선 모양으로 잘라 그 선을 따라 점을 찍는다.

　　　　　　　⇨ 점을 일직선으로 찍으면 선이 될 수 있다는 것을 알게 한다.

발전 학습 : ① 응용 ②의 선의 길이를 비교하여 긴 것과 짧은 것을 안다.

　　　　　② 유성마커 대신 면봉에 물감을 묻혀 찍을 수 있다.

　　　　　　　⇨ 그려진 ○나 △등에 점을 찍어 보고 도형의 이름을 안다.

　　　　　　　⇨ 점을 찍어 꽃, 나무, 사과 등 여러 모양을 만든다.

① 유성마커로 점 찍는 놀이
를 한다.

② 점을 이어서 여러 모양을
만든다.

③ 완성된 그림을 보고 이야
기를 나눈다.

2. 펀치밥을 이용하여 꾸미기

교육과정 관련요소

· 건강 생활 – 기본 운동 능력 : 조작 운동하기
· 표현 생활 – 탐색 : 형태 탐색하기
　　　　　　　감상 : 조형 작품 감상하기
· 탐구 생활 – 과학적 탐구 : 도구와 기계에 관심 가지기

준비물

펀치밥(잡지와 광고지 등을 펀치로 찍어 펀치밥을 많이 만들어 놓은 후 종이상자에 담아 놓는다), 4절 도화지, 딱풀

사전 준비

① 펀치로 종이를 찍어 본다.
② 교사가 펀치밥을 도화지 위에 한 주먹 뿌려 주고 손으로 이리저리 모양을 만들며 놀게 한다.
③ 상자 속의 펀치밥을 입으로 불어 날려 본다.

활동 내용

① 교사가 도화지 위에 여러 모양(○, △, □, ☆ …)으로 딱풀을 칠해 주고 아동이 펀치밥을 위에서 뿌려 본다.
② 펀치밥을 충분히 뿌렸으면 도화지를 세워 여분의 펀치밥을 떨어뜨린다.
③ 도화지 위의 모양을 보고 "점으로 ○○ 가 되었네" 하고 점의 느낌을 상기시킨다.
④ 뿌려진 모양이 어떤 모양이 되었는지 친구의 것과 비교하여 이야기해본다.
⑤ 정리하기
　　⇨흩어진 펀치밥을 넓은 투명테이프를 이용하여 치운다.
　　　– 테이프에 붙은 펀치밥도 전시할 수 있다.
⑥ 완성된 작품에 제목을 붙여 전시한다.

아동의 반응 및 교사의 지원

① 펀치밥을 뿌리기가 어려운 아동은 교사가 아동의 손을 잡고 함께 뿌려 본다.
　　–빈 음료수 병 속에 펀치밥을 넣고 흔들면서 뿌려 본다.
② 도화지에 붙인 펀치 밥을 손으로 문질러 떼어 내는 아동이나 활동에 잘 참여하지 못하는 아동은 손에 풀칠을 하고 펀치밥을 묻혀 준다. 손에 묻는 것을 싫어하는 아동은 친구의 손을 관찰하게 한다.
　　⇨ "와 ○○는 예쁜 손이 되었네. 우리가 더 예쁘게 만들어 주자" 하고 친구 손에 펀치밥 묻히는 것을 돕도록 한다.

● 응용과 발전 학습

응용 학습 : ① 도화지 위에 숫자나 이름을 풀로 칠해 주고 펀치밥을 뿌려 나타나는 글자를 읽는다.

② 펀치밥을 책상 위에 뿌려 주고 스티로폼으로 여러 모양(○, △, □, ☆ …)을 만들어 풀칠을 해서 찍어 낸다.

발전 학습 : 곡식(콩, 쌀, 마카로니)이나 짧게 자른 수수깡 등으로 모양을 만들어 보고 도화지에 붙여서 그림을 그려 본다.

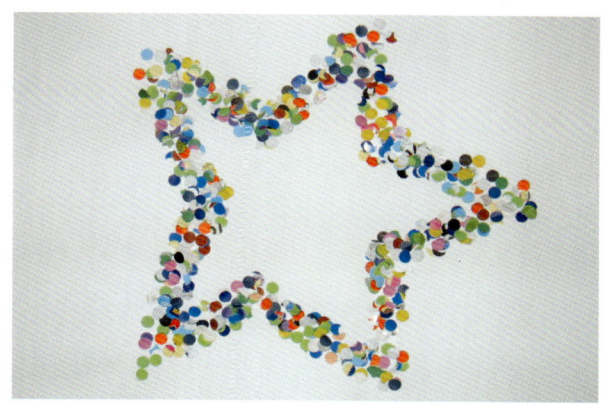

① 여러 모양으로 풀칠을 해 준다.

② 펀치밥을 뿌린다.

3. 물감 뿌려서 그리기

교육과정 관련요소

· 표현 생활 - 탐색:형태 탐색하기
　　　　　　 표현:그림 그리기
· 사회 생활 - 개인생활:감정과 욕구 조절하기
　　　　　　 집단생활:두레의 소중함을 알고 협력하기
· 언어 생활 - 듣기:말소리듣기

참고 자료

완성된 작품

준비물

물통, 붓(15호 이상), 신문지, 휴지, 포스터 칼라 3색, 도화지 전지, PET병, 걸레

사전 준비

① 바닥 위에 신문지를 펼쳐 깔고 그 위에 전지를 붙인다.
　⇨ 신문지 대신 천막용 비닐을 바닥 전체에 깔아 놓으면 더욱 좋다.
② PET병에 미리 빨강, 노랑, 파랑 빛깔의 물감을 물에 타 놓는다.
　⇨ 물과 물감의 비율을 알맞게 섞어 빛깔이 선명하게 보일 수 있도록 한다.

활동 내용

① 물과 물감을 섞어 넣은 PET병에 붓을 담갔다가 전지 위에 힘껏 뿌린다.
　⇨ 전지 위에 서서 뿌릴 수도 있고, 책상 위나 의자에 앉아서 뿌릴 수도 있다.
　⇨ 붓의 끝이나 중간 등 어디를 잡느냐에 따라 또 어떤 동작으로 뿌리느냐에 따라 뿌려진
　　 모양이 다르게 나온다.
② 뿌린 후 전지를 보며 "와! 점이 생겼네, 점이 쭉 있으니까 꼭 선 같네…" 라는 등의 이야기
　 를 해준다.
③ 친구와 서로 다른 빛깔로 바꿔 가며 뿌린다.
　⇨ "빨강, 노랑, 파랑" 등 빛깔 이름을 알아 본다.
④ 2~3가지 빛깔만 뿌린다.
　⇨ 빛깔이 많으면 서로 섞여서 빛깔이 탁해진다.
　　 옅은 빛깔부터 뿌리는 것이 좋다.
⑤ 어느 정도 마르면 교실 벽에 붙여 주어 다른 친구들 것과 비교해 본다.

아동의 반응 및 교사의 지원

① 좁은 교실에서 하기에는 어려움이 있으므로 야외에서 하면 더욱 좋다.
　⇨물감이 벽이나 그 외 여러 곳에 묻을 수도 있고, 다른 친구들에게도 묻을 수 있으므로

준비를 철저히 한다.

② 붓을 잘 흔들지 못하는 아동은 교사가 아동의 팔을 잡고 뿌려 주다가 점차 아동 스스로 할 수 있도록 한다.

⇨붓을 흔들기가 어려운 아동은 붓에 물감을 충분히 묻혀 물감이 떨어지면서 나타나는 모양을 작품으로 대신 할 수도 있다.

③ 집의 욕실에서 엄마와 함께 할 수 있도록 해 본다.

④ 활동이 끝나면 2가지 빛깔의 물감을 섞어 어떤 빛깔로 변하는지도 보여 준다.

⇨"파랑, 노랑을 섞었더니 짜잔! 연두 빛깔이 되었네"

● 응용과 발전 학습

응용 학습 : ① 물감을 탄 물을 분무기에 넣어 화장실의 타일이나 거울 등에 뿌려 본다

② 물감을 탄 물을 빛깔 별로 병에 담고 주스 상표를 만들어 붙인다.

⇨○○표 당근 주스, ㄷㅇ회사 포도 주스 …

발전 학습 : ① 여러 종류의 주스 빛깔 알기

⇨오렌지, 포도, 당근, 매실 주스 등의 빛깔을 비교해 보고 맛도 알아 본다.

⇨직접 과일이나 야채를 믹서에 갈아 주스를 만들어 빛깔이나 맛을 알아 본다.

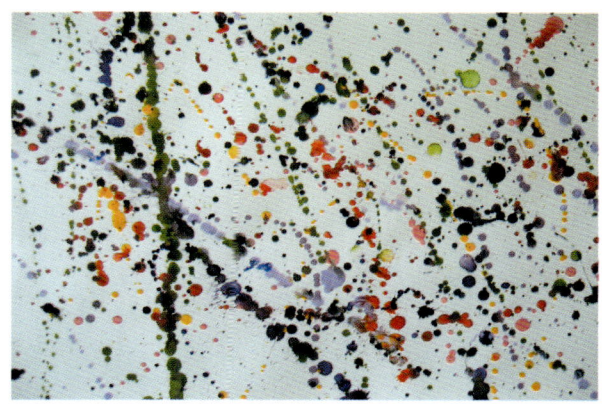

다양현 동작으로 맘껏 물감을 뿌려본다.

4. 찰흙과 돌멩이로 그리기

교육과정 관련요소
· 탐구 생활 – 과학적 탐구:물체와 물질 탐색하기
· 표현 생활 – 표현:만들기와 꾸미기

준비물
말랑말랑한 찰흙(또는 지점토나 밀가루 반죽), 콩, 작은 돌멩이, 마카로니, 구슬, 단추

사전 준비
찰흙을 손바닥으로 두드려 보고, 주먹으로 쿡쿡 눌러 보고, 손으로 조각을 떼어 보고, 손가락으로 찔러 보고, 냄새도 맡아 보는 등 충분히 탐색해 본다.

활동 내용
① 찰흙을 1.5㎝~2㎝ 정도 두께로 판판해지도록 교사와 아동이 함께 손바닥으로 두드린다.
　　⇨손의 힘이 부족한 아동은 교사가 손을 잡고 도와 준다.
② ①의 찰흙에 콩, 작은 돌멩이, 마카로니, 구슬 등을 자유롭게 콕콕 넣어 본다.
③ 하나, 둘 세어 가면서 찰흙 속에 넣었던 것을 손가락으로 빼 본다.
　　찰흙 속에 넣고 빼는 활동을 반복한다.
④ 찰흙을 다시 판판하게 하고 콩, 돌멩이, 마카로니 등을 줄을 맞추어 콕콕 눌러 본다.
　　⇨찰흙을 적당한 크기로 떼어 주고 아동이 콩을 박아 과자 모양을 만들게 한다. "와, 초코칩 과자네" 등의 이야기를 나눈다.
⑤ 동그라미, 세모, 네모, 나무, 꽃, 집, 해 모양 등을 이쑤시개나 성냥개비로 그리고, 그 모양대로 콩 등을 눌러 넣어 본다.
　　⇨그림 그리기가 어려운 아동은 교사가 그려준다.

아동의 반응 및 교사의 지원
① 찰흙, 콩, 돌멩이 등을 먹거나 코, 귀 등에 넣는 아동이 있을 수 있으므로 아동을 잘 살핀다.
② 찰흙을 만지기 싫어하는 아동은 빛깔 점토(플레이도우 등…)나 밀가루 반죽을 이용하여 해 본다.
③ 손에 묻는 것이 싫어 활동에 참여하지 않는 아동은 돌멩이 등을 넣을 때 다른 도구(숟가락, 주걱, 포크)를 이용하여 꽂아 보게 하거나 찰흙 위에 비닐을 덮어 주어 활동하도록 한다.
④ 찰흙을 판판하게 펼 때 아동 손에 맞는 두께의 둥근 막대를 이용하여 밀어 보거나 장난감 망치로 두드려 펴 본다.

응용과 발전 학습

응용 학습 : ① 모래나 쌀, 마카로니 등을 상자에 수북이 담고 그 속에 숨긴 콩이나 돌멩이를
　　　　　　　찾아 보게 한다.
　　　　　　② 찰흙을 빵칼로 여러 모양이 되게 잘라본다.(□, △, ◇ …)
　　　　　　③ 엄마와 함께 수제비 뜨기를 한다.
발전 학습 : ① 마카로니나 돌멩이를 숟가락으로 옮겨 담는다.
　　　　　　② 여러 개의 작은 그릇에 돌멩이를 같은 개수씩 담는다.
　　　　　　③ 두꺼운 도화지로 액자 틀을 만들고, 틀에 마카로니를 붙여 장식한다.
　　　　　　　은색 라카를 뿌려서 말린 후 아동의 사진을 넣어 교실에 전시한다.

① 찰흙 속에 돌멩이 등을　② 찰흙에 콩이나 돌멩이 등　③ 밑그림을 따라 박아 본
　넣었다가 빼는 놀이를　　을 줄 맞추어 놓아 본다.　　다.
　한다.

5. 두루마리 휴지로 그리기

교육과정 관련요소

· 건강 생활 – 기본 운동 능력:이동 운동하기
· 표현 생활 – 표현:동작으로 표현하기
· 언어 생활 – 듣기:동화, 동요, 동시 듣기
· 탐구 생활 – 창의적 탐구:주변 상황에 관심을 가지고 탐색하기

참고 자료

리본 체조하는 사진

준비물

두루마리 휴지, 호루라기, CD 플레이어, 전신 거울

사전 준비

① 두루마리 휴지(반 정도 남은 것)를 아동 수보다 넉넉히 준비한다.
② 교실 바닥에 앉아 두루마리 휴지를 손가락으로 꾹꾹 눌러 보거나 교사가 코를 닦는 등 여러 방법으로 탐색해 본다.

활동 내용

① 바닥에 자유롭게 앉아서 각자 한 손으로 두루마리 휴지 끝을 잡고 다른 손으로 굴려 본다.
   ⇨ "데굴데굴 굴러서 … 와! 기다란 선이 나오는구나. 제일 긴 선이 어떤 것일까요? …" 등의 이야기를 나눈다.
② 호루라기 소리에 맞추어 휴지를 굴려 보기도 한다.
③ 휴지를 적당한 길이로 잘라서 아동들에게 나누어 준다.
④ 호루라기 소리에 맞추어 교사를 따라 여러 동작으로 움직이며 부드러운 느낌의 선을 표현해 본다.
   ⇨ 교사가 휴지를 들고 다양한 동작으로 춤을 추면서 여러 가지 곡선이 나올 수 있다는 것을 시범으로 보인다.
⑤ 전신 거울 앞에서 노래나 음악에 맞춰 움직이면서 선의 모양을 스스로 볼 수 있게 한다.

아동의 반응 및 교사의 지원

① 미리 휴지를 반 정도 쓰고 남은 것을 여러 개 준비한다.
② 키친타월같이 폭이 넓은 것도 준비하여 차이를 비교해 본다.
③ 두루마리 휴지를 잘 굴리지 못하는 아동은 바닥에 놓고 발로 차 보거나 던져 보게 한다.
④ 길게 늘어진 두루마리 휴지를 다시 말아 본다.
⑤ 길게 늘어진 두루마리 휴지를 들고 친구들과 함께 신나게 뛰어 본다.
⑥ 아동의 활동을 VTR로 녹화해서 보여준다.

⑦ 활동 후 남은 휴지는 물에 불려 종이죽을 만들어 활용한다.

● 응용과 발전 학습

응용 학습 :　① 키친타월을 길게, 또는 짧게 찢는다.

　　　　　　② 바닥에 떨어진 휴지를 "후"하고 입으로 불어 날린다.

　　　　　　③ 휴지를 길게 늘어뜨리고 그 위로 자동차를 굴린다.

발전 학습 :　① 휴지의 길이와 넓이를 비교해 보고 길고 짧은 것, 넓고 좁은 것을 안다.

　　　　　　② 휴지와 신문지를 찢어 보고 그 느낌의 차이를 안다.

① 바닥에 앉아 두루마리 휴지를 굴려 본다.

② 호루라기 소리에 맞춰 휴지를 굴려 본다.

③ 음악을 들으며 여러 동작으로 움직여 부드러운 느낌의 선을 표현한다.

④ 바닥에 굴려서 나타난 선의 모양을 감상한다.

6. 크레파스로 선 그리기

교육과정 관련요소

· 건강 생활 – 기본 운동 능력:이동 운동하기
· 언어 생활 – 말하기:바르게 발음하여 말하기
· 표현 생활 – 그림 그리기:여러 가지 재료와 도구를 활용하여 자유롭게 그려 본다.
· 사회 생활 – 집단 생활:공공 규칙을 이해하고 지키기

준비물

전지, 크레파스(또는 색연필), 셀로판테이프, 사각 책상, 원형 책상

사전 준비

① 사각형, 원형의 책상 위에 크기와 모양이 맞게 미리 전지를 붙여 둔다
② 벽에도 전지를 여러 장 붙여둔다 – 겹치는 부분을 꼼꼼히 붙여 찢어지지 않도록 한다.

활동 내용

① 전지를 붙인 원형의 책상 주위를 돌며 선을 그어본다.
　　⇨ "뛰뛰빵빵 크레파스 자동차가 나갑니다. 부~웅" 하고 재미있는 말을 주고 받으며 둥근
　　　선을 그린다.
② 사각형의 책상 주위를 돌며 선을 그린다.
　　⇨ 책상 한 쪽 끝에 다 와서 방향을 바꿔야 할 때는 교사가 아동의 몸을 손으로 잡아서 바
　　　꾸어 준다.
③ 벽에 붙여놓은 전지 위에도 맘껏 뛰거나 걸어 다니면서 신나게 그린다.
　　⇨ "와"하는 소리에 뛰어 가며 그릴 때 친구와 부딪히지 않도록 차례대로 뛰어 간다.
④ 교사가 "우리 파도를 그려보자. 철~썩 철~썩, 구불구불 …" 하고 구불구불한 선을 그리
　　고, 아동도 따라 그리게 한다.
　　⇨ 크레파스를 옆으로 눕혀 넓게 그릴 수도 있고 또 2~3개의 크레파스를 한꺼번에 잡고
　　　그릴 수도 있다(파도 소리를 들으며 활동해 본다).

아동의 반응 및 교사의 지원

① 책상을 돌며 크레파스로 선을 긋기 어려운 아동은 교사가 아동 뒤에 서서 아동의 손을 잡
　　고 함께 움직이며 선을 그어본다.
② 책상이나 벽에 전지가 붙어 있지 않을 때는 그림을 그리지 않도록 아동에게 주의를 준다.
　　⇨ 칠판에 그리도록 유도한다.
③ 활동 후에도 얼마간은 아동이 볼 수 있도록 한다.–책상의 전지도 떼어 벽에 붙여 준다.

⇨ "저 둥근 모양은 누구 책상일까요? 저 네모난 책상은 누구 책상일까요?"

"우리 책상이랑 모양이 같은 것을 찾아보세요."

"○○는 어디에 앉을까요?" 하고 이름표를 붙여 보게도 한다.

● 응용과 발전 학습

응용 학습 : ○, □, △ 모양으로 종이를 오려 주면 아동이 모양 안에 테두리를 따라 그린다.

발전 학습 : ① 교사가 아동의 손을 잡고 아동 주위를 천천히 돌면서 바닥에 커다란 원을 그린다.

    ⇨ 반대로 아동이 원을 그려 보게 한다.

② 판에 못을 여러 개 박고 코루나 고무줄을 이용하여 여러 모양을 만들 수 있다.

③ 빨대를 잘라서 적당한 ㅅ만큼 실에 꿰어 묶은 것을 이용하여 ○, □, △를 만든다.

    ⇨ 처음엔 빨대 3개로 △, 4개로 □를 만들어 본다. 능숙해지면 점차 개수가 많은 것을 이용하여 만들도록 한다.

① 전지를 붙인 책상 주위를 돌며 선을 그어 본다.

② 벽의 전지에도 걸어다니며 큰 동작으로 신나게 그린다.

③ 파도 느낌이 나는 선을 그려 본다.

7. 구슬로 그림 그리기

교육과정 관련요소

· 탐구 생활 – 과학적 탐구:물체와 물질 탐색하기
· 표현 생활 – 탐색:소리, 움직임 탐색하기
　　　　　　　 표현:그림 그리기

준비물

Y-셔츠 상자, 도화지, 아크릴 물감, 재활용 도시락, 물, 구슬

사전 준비

① 구슬을 충분히 준비하여 아동들에게 주어 탐색하게 한다.
② 상자에 편편하게 도화지를 깔아 놓는다.

활동 내용

① 아크릴 물감을 재활용 도시락에 짜고 물을 조금만 섞는다.
　　⇨아크릴 물감은 잘 지워지지 않으므로 버려도 되는 것을 사용한다.
② 구슬에 물감을 묻혀 상자에 넣고, 상자를 이리저리 움직여 선이 그어지게 한다.
③ 여러 개의 구슬에 각기 다른 빛깔의 물감을 묻혀 상자에 넣고 움직인다.
④ 아동들이 지루해 하지 않으면 도화지에 구슬 그림을 많이 표현하도록 한다.
⑤ 활동이 끝나면 상자에서 도화지를 떼어 낸다.
⑥ 벽이나 게시판에 아동의 작품을 붙여 주고 감상한다.

아동의 반응 및 교사의 지원

① 아동이 구슬을 탐색할 수 있는 시간을 충분히 주고 입에 넣지 않도록 주의한다.
② 상자가 너무 크거나 작지 않은 것으로 준비한다.
　　⇨아동이 상자를 잘 흔들지 못하면 교사가 아동과 함께 상자를 잡고 움직여 준다.
③ 아크릴 물감이 옷에 묻으면 잘 지워지지 않으므로 주의한다.
　　⇨물감이 묻으면 바로 물로 지운다.

응용과 발전 학습

응용 학습 : 상자 대신 PET 병이나 유리병을 사용해서 활동한다.
　　　　　　⇨용기 안에 물기가 없어야 잘 그려진다.
발전 학습 : 구슬이 어느 컵에 있는지 찾기
　　　　　　⇨2개 또는 3개의 컵 중 1개에만 구슬을 넣고 컵을 이리저리 옮긴 후에 구슬 담
　　　　　　　긴 컵을 찾도록 한다.

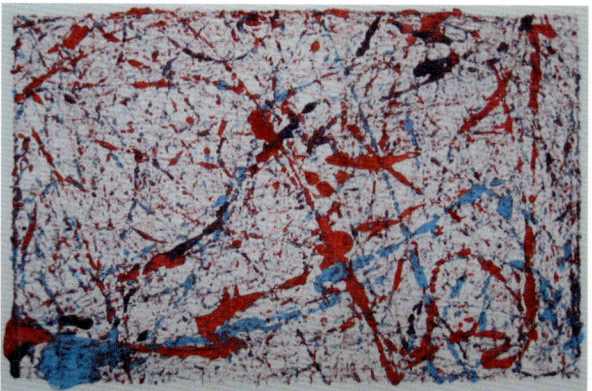

물감 묻힌 구슬을 상자에 넣고 이리저리 움직여 그림이 그려지게 한다.

8. 색종이 날리고 찢어서 꾸미기

교육과정 관련요소

· 건강 생활 – 기본 운동 능력:이동 운동하기
· 탐구 생활 – 과학적 탐구:물체와 물질 탐색하기
　　　　　　　수학적 탐구:분류하기와 순서짓기
　　　　　　　　　　　　공간과 도형의 기초 개념 알기
· 표현 생활 – 탐색:소리, 형태, 움직임 탐색하기
　　　　　　　표현:만들기와 꾸미기

준비물
전지 3~4장, 색종이, 풀, 크레파스, 신나는 음악, CD 플레이어

사전 준비
벽면에 전지를 붙여 놓는다.

활동 내용

① 교실 가운데 둥글게 모여 앉는다.
② 교사는 아동들에게 색종이 두 묶음씩 주고 아동들이 봉지에서 색종이를 꺼내게 한다.
③ "아, 예쁜 빛깔이 많이 있네요" "우리 나비처럼 색종이를 날려 볼까요"하고 교사가 먼저 색종이를 날리는 시범을 보인다.
④ 신나는 음악과 함께 서서 색종이를 위로 던져보고, 날리는 모습을 관찰한다.
⑤ 어느 정도 활동이 끝나면 다시 교실 가운데 둥글게 앉아 색종이를 크게 찢거나 가위질이 가능한 아동은 가위로 오린다.
　　⇨모양은 아동 마음대로 한다.
　　⇨이 때 교사는 빨강, 노랑, 파랑, 초록 색종이만 남겨 두고 나머지 빛깔의 종이는 치운다.
⑦ 벽의 전지에 찢은 색종이를 마음대로 붙인다.
⑧ "우리 빨간 빛깔을 찾아볼까요?"하고 빨간 빛깔 크레파스로 빨간 빛깔 색종이를 찾아가며 "칙칙폭폭" "쭉쭉쭉" 하고 줄을 긋는다.
　　⇨노랑, 파랑, 초록도 같은 방법으로 실시한다.
⑨ 다음에는 붙여진 색종이들 중에서 "이게 뭘까요?"하고 교사가 묻고 아동들이 생각해서 답하게 한다.
　　⇨대답하기가 어려운 아동은 교사가 바퀴나 더듬이 등을 그려 넣어 주어 "나비 같아요" "어, 이건 자동차처럼 생겼어요" 등으로 대답할 수 있도록 유도한다.

아동의 반응 및 교사의 지원

① 색종이를 던져 날리기가 어려운 아동은 교사와 함께 해 보거나 선풍기를 틀어서 날아가는 것을 보게 한다. 또는 부채 등으로 부쳐 날려본다.

　⇨색종이를 위로 던지지 못하고 아래로 던지려고 하는 아동은 책상 위 등 높은 곳에서 던지게 하여 떨어지는 모습을 관찰할 수 있도록 한다.

② 색종이를 전지에 붙일 때 비교적 모양이 뚜렷한 것을 붙이도록 유도한다.

　또는 교사가 모양을 수정해 주어 붙인다.

③ 모양이나 빛깔을 2~3가지로 정해서 붙인다.

　⇨너무 복잡하면 아동이 그 후 활동을 어려워할 수 있다..

④ 풀칠을 어느 쪽에 해야 하는지 잘 모르는 아동은 풀칠할 면에 그림등으로 표시를 해주고 풀칠하여 붙이게 한다. 또 어느 쪽을 위로 붙여야 하는지 모르는 아동은 스티커로 붙이는 연습을 한다.

응용과 발전 학습

응용 학습 : ① 색종이를 찢어서 지퍼백에 넣어 지퍼백을 던지고 받기를 한다.

　　　　　⇨지퍼백에 공기를 팽팽하게 넣어 활동한다.

　　　　② 잘게 찢은 색종이를 비닐에 넣고 빨대를 꽂은 후 테이프로 바람이 통하지 않게 붙인 다음 빨대를 불어 본다. 색종이가 비닐 속에서 움직이는 모습을 관찰한다.

발전 학습 : ① 커다란 종이상자에 색종이를 찢어 붙여 장식하여 유치원을 만든다.

　　　　② 방석 만들기

　　　　　⇨도화지 위에 가로, 세로로 줄을 그어 각 칸마다 빨강, 노랑, 빨강, 노랑 … 순서대로 색종이를 붙인다

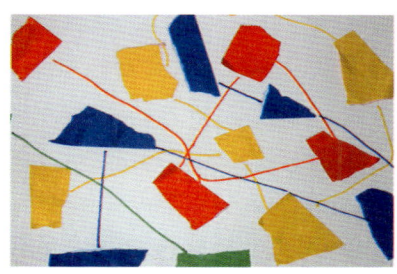

① 음악을 들으며 신나게 색종이 날리기 놀이를 한다.

② 색종이를 찢거나 가위로 오려 본다.

③ 벽에 ②의 색종이를 붙이고 선을 이어 준다.

9. 화장지로 표현하기

교육과정 관련요소

· 건강 생활 – 기본 운동 능력:비이동 운동하기
· 사회 생활 – 집단생활:다른 사람을 이해하고 존중하기
　　　　　　　　　　　　　 두레의 소중함을 알고 협력하기
· 탐구 생활 – 과학적 탐구:물체와 물질 탐색하기
　　　　　　　　창의적 탐구:주변 상황에 관심을 가지고 탐색하기
· 언어 생활 – 말하기:경험, 생각, 느낌 말하기
· 표현 생활 – 탐색:소리, 형태, 움직임 탐색하기
　　　　　　　　표현:통합적으로 표현하기

준비물

곽 티슈와 대야는 아동 수만큼, 물감, CD 플레이어

사전 준비

① 화장지를 만져 보고 찢어 보며 그 느낌을 이야기한다.
② 팔의 힘이 약한 아동이 있으면 교사는 미리 화장지를 어느 정도 뽑아 놓는다.

활동 내용

① 음악을 틀고 교실 가운데 둥글게 앉아 활동을 시작한다.
② 아동에게 곽 티슈를 1통씩 주고, 화장지를 뽑는 시범을 보여준 후 아동 스스로 뽑도록 한다.
③ 교사는 "와 재미있네. 누가 많이 뽑나 한번 해볼까요?" 등의 언어로 아동의 흥을 돋구어
　 즐겁게 뽑을 수 있도록 한다.
④ 한 손씩 번갈아 가며 뽑아 보고, 또는 양손을 교대로 해서 뽑아 본다.
⑤ 어느 정도 뽑았으면 화장지를 위로 날려 본다.
　 ⇨ "펄펄 눈이 옵니다~", "나비가 훨훨~" 등의 노래를 부르며 활동한다.
⑥ 화장지를 둥글게 공처럼 만들어 친구에게 던져 보거나 입으로 "훅" 불어 날려 본다.
⑦ 어느 정도 활동이 끝나면 2~3명씩 둥글게 모여 앉아 빨강, 노랑, 파랑, 초록 등의 물감을
　 푼 물이 담긴 대야에 화장지를 한 장씩 넣어 본다.
⑧ 교사는 "화장지가 어떻게 되었나요?"하고 물어 아동이 "와, 눈처럼 녹아요", "노란 빛깔이
　 됐어요." 등 다양한 표현을 유도한다.
⑨ 대야에 넣은 화장지를 손으로 주물러 보고 또 어떤 빛깔로 변하는지 이야기 해 본다.
⑩ "두껍아, 두껍아 헌 집 줄게 …"노래를 부르며 손가락으로 찔러 보거나 손등 위에 젖은 화
　 장지를 쌓아 보는 등 놀이를 하며 느낌에 대해 이야기 해 본다.
⑪ 활동이 끝나면 남은 화장지를 봉지에 담고 정리한다.

● 아동의 반응 및 교사의 지원

① 새 곽에서 화장지 뽑기가 어려운 아동이 있을 수 있으므로 미리 화장지를 어느 정도 뽑아
   주어 아동이 쉽게 활동할 수 있도록 한다.

② 화장지를 뽑지 않고 집어 넣으려고 하는 아동도 있는데 얼마 만큼은 집어 넣는 것을 허용
   하되 뽑는 활동에도 참여할 수 있도록 교사가 먼저 재미있는 소리를 내며 아동의 손을 잡
   고 뽑아 본다.

② 화장지를 뽑을 때 친구와 마주앉아 친구의 화장지를 뽑게 할 수도 있고, "하나, 둘, 셋 …"
   세면서 오른손으로만, 또는 왼손으로단 뽑거나 "하나, 둘, 하나, 둘"하고 양손을 번갈아 가
   며 뽑을 수도 있다.

③ 화장지를 날릴 때는 부채를 이용해서 날려 보게도 하고 입으로 불어 보기도 하며 또 손으
   로 던져 날리게도 한다. 손으로 던져 날리는 것이 어려운 아동은 친구들을 모방하여 던져
   보게 하거나 교사가 아동의 팔을 잡고 "이렇게 날려 보세요"라고 말하며 날려 보게 한다.

④ 대야에 화장지를 넣고 손으로 주무를 때 아동이 만지기 싫어하면 먼저 숟가락이나 막대기
   등을 이용하여 해 보게 하고 점차 손으로 만질 수 있게 이끌어 준다.

⑤ 물에 젖은 화장지는 밀가루 풀과 섞어 종이찰흙을 만들어 활용할 수 있다.

● 응용과 발전 학습

응용 학습 : ① 화장지를 공처럼 만들어 바구니에 던져 넣기

② 구겨진 화장지를 펼쳐 반으로 접기.

③ 친구와 함께 화장지를 뽑으며 차례를 지킬 수 있다.

④ 젖은 화장지로 종이찰흙을 만들어 컵이나 탈을 만든다.

발전 학습 : ① 종이를 어떻게 만드는지 간단한 설명을 하고 아껴 써야 함을 알려준다.

⇨ 주위에서 종이로 만든 여러 사물을 찾아본다.(책, 도화지, 휴지, 종이컵, 색종이 …)

② 비닐로 낙하산을 만들어 날려본다.(6각형으로 비닐을 자른 후 각 모서리에
   실을 매달고 실 끝에 호일로 동전 3~4개를 싸서 단다).

① 화장지 뽑기 놀이를 한
다.

② 화장지를 날려 본다.

③ 물과 물감을 풀고 화장지
를 넣어 반죽한다.

10. 스티로폼으로 조형물 만들기

교육과정 관련요소

· 탐구 생활 – 과학적 탐구 : 물체와 물질 탐색하기
　　　　　　　　　 수학적 탐구 : 공간과 도형의 기초 개념 알기
· 표현 생활 – 표현 : 만들기와 꾸미기
· 건강 생활 – 기본 운동 능력 : 신체 활동에 참여하기

참고 자료
기본 도형 그림

준비물
전지 크기의 스티로폼 1장, 이쑤시개, 부채

사전 준비

① '태권도 체조'를 한다 .
② 신문지를 주먹으로 쳐서 구멍을 뚫어 본다.
③ 전지 스티로폼에 듬성듬성 칼집을 낸다.

활동 내용

① 교사가 전지 스티로폼을 양쪽에서 들어 주고 아동들이 주먹으로 쳐 본다.
　　⇨ "태권도, 얏" 기합 소리에 스티로폼을 쳐 본다.
② 교사가 적당한 크기로 잘라준 후 아동들이 손, 발 등을 이용하여 여러 모양으로 부러뜨리게 한다.
③ 부채나 입으로 날려본다.
　　⇨ "와, 날아가요" 하고 부채로 부쳐 보거나 입으로 '후' 불어서 날려 본다.
④ 교실 바닥이나 책상 위에 스티로폼 조각을 모은다.
⑤ 스티로폼 조각을 이쑤시개로 연결하여 여러 모양을 만든다.
　　⇨ 집, 나무, 기차, 사람 등

아동의 반응 및 교사의 지원

① 전지 스티로폼에 미리 칼집을 내 주어 아동이 쳤을 때 잘 부서지게 한다.
② 부채질을 잘 하지 못하는 아동은 교사가 뒤에서 손을 잡고 함께 해 본다.
③ 스티로폼을 부러뜨리려고만 하는 아동은 일정한 양을 정해주고 그것만 부러뜨리게 하고 다른 활동으로 전환할 수 있도록 유도한다.
④ 스티로폼 조각으로 모양 만들기가 어려운 아동들은 교사가 모델을 제시해 주고 따라 만들게 한다.

⑤ 이쑤시개를 이용할 때 아동이 다치지 않도록 주의를 준다.

⑥ 이쑤시개로 조각을 연결해서 모양 만들기가 어려우면 스티로폼 조각 위에 이쑤시개를 여러 개 꽂아 보게 한다.

⇨ 케이크 만들기

⑦ 활동이 끝난 후에 빗자루로 쓸어 정리한다.

⇨ 아동들이 빗자루로 쓸어 보게 한다.

● 응용과 발전 학습

응용 학습 : ① 스티로폼을 입으로 불기

⇨ 친구와 도착점까지 누가 먼저 가나 경주하기

② 스티로폼을 비교하여 크기를 안다

⇨ 제일 큰 것, 제일 작은 것 등 큰 순서대로 나열하기

③ 물을 담은 대야에 스티로폼으로 배를 만들어 띄어본다.

발전 학습 : 스티로폼 퍼즐 맞추기

⇨ 스티로폼 위에 그림을 그리고 3~4조각으로 자른 후 모양을 맞춘다.

① 전지 크기의 스티로폼을 크고 다양한 동작으로 부순다.

② 손으로 잘라 보기도 한다.

③ 스티로폼 조작들을 이쑤시개로 이어 조형물을 만든다.

11. 병뚜껑으로 꾸미기

교육과정 관련요소

· 탐구 생활 – 수학적 탐구:분류하기와 순서 짓기

　　　　　　　　　공간과 도형의 기초 개념 알기.

· 표현 생활 – 표현:만들기와 꾸미기

준비물 　　여러 종류의 병뚜껑

사전 준비

병뚜껑에 다칠 수 있으므로 끝이 날카로운 것은 미리 치운다.

활동 내용

① 병뚜껑의 모양, 크기, 빛깔 등을 살펴본다.

② 병뚜껑을 굴리고 쌓고 길게 늘어 놓는 등 다양한 방법으로 탐색한다.

③ 병뚜껑으로 사람, 자동차, 꽃, 숫자 등 여러 모양을 만든다.

　　⇨모양 만들기가 어려운 아동들은 교사가 모양을 만들면 따라 만들게 한다.

아동의 반응 및 교사의 지원

① 같은 모양이나 빛깔에 따라 병뚜껑을 분류해 본다.

② 도화지를 ○, △, □모양으로 오려 주어 그 위에 뚜껑을 올려놓게 한다.

　　⇨병뚜껑이 움직여 올려놓기가 어려우면 도화지나 뚜껑에 풀칠을 해서 덜 움직이도록 한다.

③ 수수깡, 빈 플라스틱 용기, 계란 판 등과 함께 여러 모양을 만들 수 있다.

④ 아동이 만든 모양은 사진을 찍어 나중에 다시 보여준다.

　　⇨누가 무엇을 만든 것인지 이야기한다.

응용과 발전 학습

응용 학습 : ① 여러 종류의 병뚜껑이나 다양한 용기의 뚜껑을 열어 보고 다시 제 뚜껑을 찾아 닫는다.

　　　　　　　⇨모양, 빛깔에 따라 분류한다.

　　　　　② 미끄럼틀처럼 경사진 곳에서 병뚜껑을 굴려 본다.

　　　　　　　⇨ "와 ○○것이 멀리 갔네"

발전 학습 : 낡은 신발에 병뚜껑(우유병뚜껑)을 붙여 인라인 또는 롤러스케이트를 만든다.

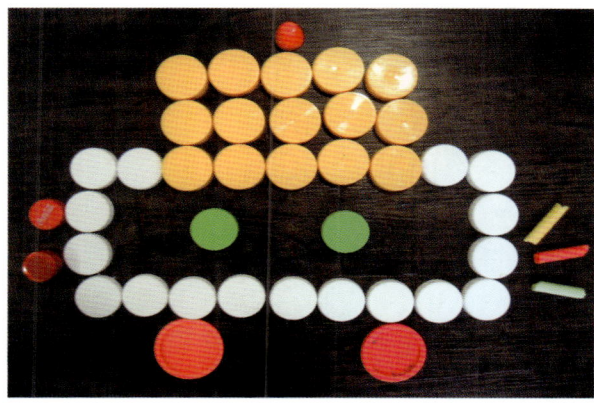

① 여러 모양의 병뚜껑을 탐
색한다.

② 쌓아보고, 줄을 맞추어
보기도 한 후 여러 모양
을 꾸민다.

12. 꽃과 나비 꾸미기

● 교육과정 관련요소

· 탐구 생활 – 과학적 탐구:물체와 물질 탐색하기
· 표현 생활 – 표현:그림 그리기
· 언어 생활 – 말하기:바르게 발음하여 말하기

● 참고 자료 꽃과 나비의 사진이나 그림

● 준비물 스펀지(5cm×3cm×4cm 크기), 양철집게나 빨래집게, 크레파스, 물감, 팔레트, 가위, 재 접착 풀, 헤어드라이어

● 사전 준비

① 스펀지를 하나씩 나누어 주고 탐색하도록 한다.
  ⇨ 손가락으로 눌러 보고, 뺨이나 손등에 대고 비벼 보기도 한다.
② 스펀지를 물그릇에 담아 손으로 누른 후 들어 올려 물이 빠지는 것을 보게 한다.
  다시 물그릇에 담았다가 손으로 꾹 짜본다.
  ⇨ 이 때 교사는 "스펀지가 물을 많이 먹어서 쉬 하는 것 같네." 와 같이 재미있는 이야기를
    해 준다.
③ 지름이 3cm를 넘지 않는 꽃 모양과 꽃보다 약간 작게 나비를 만들어 오려서 재 접착 풀을
    칠해 도화지에 붙여 둔다.

● 활동 내용

① 아동이 고른 한 두 가지 빛깔의 물감을 팔레트에 짠다.
② 물을 뺀 스펀지에 교사가 집게를 꽂아 아동이 손가락으로 쉽게 잡을 수 있게 해 준다.
③ ②의 스펀지에 물감을 묻힌다.
  ⇨ 스펀지에 골고루 물감이 묻도록 교사가 말로 해 주거나 손을 잡고 도와준다.
③ 교사가 사전준비 ③의 도화지를 아동에게 한 장씩 나누어 주고 그 위에 물감 묻힌 스펀지
    로 찍게 한다.
  ⇨ 교사가 "콕콕콕, 톡톡톡, 꾸욱꾸욱 …" 등의 언어로 표현해 준다.
④ 다 찍고 나면 아동과 함께 꽃과 나비 모양의 도화지를 떼고 어떤 모양이 나타나는지 보게 한다.
  ⇨ "와! 이게 뭐야? 꽃과 나비가 나왔어요!" 라고 표현해 준다.
⑤ ④의 물감이 어느 정도 마른 후에 크레파스로 꽃에 줄기와 잎, 나비에 더듬이 등을 그리게 한다.
  ⇨ 잘 그리지 못하면 교사가 언어로 지시해 주거나 손을 잡고 도와준다.
⑥ 녹색 습자지나 색종이를 찢어 꽃밭처럼 붙이게 한다.

● 아동의 반응 및 교사의 지원

① 스펀지로 물장난을 오래 하는 아동은 어느 정도 시간이 경과하면 그만 하도록 유도한다.

② 활동 ①의 물감 선택은 가능하면 조금 진한 빛깔로 유도한다.

  ⇨ 바탕 빛깔이 흐리면 꽃과 나비가 잘 보이지 않는다.

③ 꽃과 나비 모양을 재 접착 풀로 붙일 때 풀칠을 한 후 바로 붙이면 잘 떨어지지 않으므로 풀칠을 하고 잠시 있다가 붙인다.

  ⇨ 사전준비 ③을 꼼꼼히 붙여야 틈으로 물감이 스며들지 않아 모양이 선명하게 나타난다.

④ 활동 ⑤와 ⑥은 물감이 마른 후 수행해야 하므로 활동 ④의 물감을 헤어드라이어로 말리면서 헤어드라이어의 기능도 알려주고 직접 아동의 머리에도 바람을 불어 준다.

  ⇨ 헤어드라이어에 대한 거부반응을 보이는 아동도 이 활동을 통해 약간의 친밀감을 갖게 될 수도 있다.

● 응용과 발전 학습

응용 학습 : ① 꽃과 나비의 수를 같게 하여 1:1 대응시키기

      ② 활동 후 떼어 낸 꽃과 나비를 창문이나 교실 문에 붙여 준다.

      ③ 도화지에서 꽃과 나비 모양을 오려내고 그 도화지를 대고 스펀지로 물감 찍기

        ⇨ 이 때는 꽃과 나비가 굴감으로 칠해진다.

발전 학습 : 꽃과 나비에 대한 이야기를 들려준다.

      ⇨ 꽃, 꽃가루, 꿀, 나비, 벌 …

① 스펀지에 물감을 골고루 묻힌다.

② 사전준비 ③의 도화지 위에 물감 묻힌 스펀지를 두드려 본다.

13. 봄동산 꾸미기

● 교육과정 관련요소

· 표현 생활 – 표현:만들기와 꾸미기
· 탐구 생활 – 과학적 탐구:자연현상에 대해 알아보기
· 언어 생활 – 말하기:바르게 발음하여 말하기

● 참고 자료

봄의 꽃밭 사진이나 그림

● 준비물

흰 도화지(16절), 모조지(2절), 가위, 풀, 색종이, 수수깡, 물감, 물통, 15호 이상의 둥근 붓, 분무기

● 사전 준비

도화지 전체에 붓이나 분무기로 뿌려 물기가 적당히 스며들게 한다.

● 활동 내용

① 도화지를 반으로 접는다.
② 접은 도화지를 책상이나 바닥 위에 놓고 안 쪽에 2~3가지 물감을 짜고 덮은 후 손바닥으로 문지른다.
③ 교사가 "어떤 모양이 되었을까?" 라고 말하며 아동과 함께 도화지를 열어 본다.
④ 교사가 "야! 멋지다. 마치 ○○같구나!" 라고 말해 주거나, 아동에게 말해 보게 한다.
⑤ 미리 물을 묻혀 둔 새 도화지에 붓으로 물을 더 묻힌다.
　⇨붓으로 세게 문지르면 도화지가 찢어지므로 살살 칠한다.
⑥ 아동이 2~3가지 빛깔의 물감을 골라 팔레트에 짠다.
⑦ 붓에 물감을 묻혀 ⑤의 도화지에 꾹 누르거나, 물감을 떨어뜨려 도화지에 번지는 모양을 살펴본다.
⑧ ④와 ⑦의 작품을 잘 말려서 꽃과 나비 모양으로 오린다.
　⇨아동이 잘 못하면 교사가 오리기 쉽게 □나 ○를 그려주고 오리게 하거나 손을 잡고 도와서 오린다.
⑨ 모조지를 벽이나 게시판에 붙이고 오려 놓은 꽃과 나비를 붙인다.
⑩ 수수깡으로 줄기를 표현하게 하고, 색종이를 찢어 잎을 붙인다.

● 아동의 반응 및 교사의 지원

① 종이접기가 어려운 아동은 접어서 만나게 되는 변에 미리 표시를 해 두고 그 표시를 보고 접도록 한다.

② 활동 ⑤에서 물대신 흐린 빛깔의 물감을 엷게 타서 칠한다.

⇨빛깔이 나타나므로 시각적인 효과를 얻을 수 있다.

③ 물감이 마르기를 기다리는 동안 꽃이 피는 과정이나 나비가 알에서 나오는 과정 등을 알아본다.

④ 가위질이 미숙한 아동은 이중가위로 교사와 함께 오린다.

⇨가위질이 미숙한 아동은 빨래집게를 빼고 끼우는 활동이나 엄지와 검지 안쪽에 테이프를 붙여주고 서로 붙였다 떼는 활동을 연습해 본다.

● 응용과 발전 학습

응용 학습 : ① 손바닥으로 나뭇잎 모양 찍기

⇨나무 줄기가 그려진 전지 위에 물감을 묻힌 손바닥을 찍어 나뭇잎 모양이 꾸며지게 한다.

⇨손에 물감 묻히는 것을 싫어하는 아동은 손가락 끝에만 살짝 묻혀 찍어 보게 한다. 그것도 거부하는 아동은 1회용 비닐장갑(아동용)을 끼고 활동한다.

② 염색하기

⇨화선지에 물을 묻히고 그 위에 물감 묻힌 붓을 꾹 눌러 물감이 번지도록 한다.

발전 학습 : 사계절 나무 만들기

⇨봄, 여름, 가을, 겨울의 나무줄기에 연두, 초록, 빨강, 하양의 잎사귀를 알맞게 붙인다.

⇨각 계절의 특징을 알아본다.

① 반으로 접은 도화지 한쪽 면에 물감을 짠다.   ② 덮어서 손바닥으로 살살 문질러 준다.   ③ ②를 펴서 모양을 본다.   ④ ③의 모양을 가위로 오린다.

14. 예쁜 꽃 만들기

교육과정 관련요소

· 사회 생활 – 집단생활:두레의 소중함을 알고 협력하기.
· 표현 생활 – 표현:만들기와 꾸미기

참고 자료

실제 꽃병에 꽃을 꽂아 보여 준다.

준비물

투명한 PET병, 수수깡, 색종이, 색 습자지, 가위, 셀로판테이프

사전 준비

PET병을 칼로 적당한 길이로 잘라 꽃병을 만든다.

활동 내용

① 아동 2~3명에게 꽃병 1개를 준다.
② 여러 가지 빛깔의 수수깡을 병의 1/2 정도가 될 만큼 부러뜨린다.
　　⇨교사가 "탁, 툭, 영차 …"등 다양한 말로 표현해 주고 아동도 따라 표현하며 부러뜨린다.
③ 부러뜨린 수수깡을 병 속에 하나, 둘 … 세어 가며 넣는다.
④ 수수깡으로 줄기를 만들고, 색종이를 찢어 잎을 만들어 줄기에 셀로판테이프로 붙인다.
⑤ 색 습자지나 색종이를 둥글게 뭉쳐서 꽃송이를 만들어 ④의 줄기에 붙인다.
⑥ 꽃병에 완성된 꽃을 친구들과 함께 꽂는다.

아동의 반응 및 교사의 지원

① 수수깡은 대체적으로 쉽게 부러뜨릴 수 있지만 가능한 한 짧게 부러뜨려 보도록 한다.
② 색 습자지를 공처럼 뭉치기가 어려운 아동은 교사가 "꼬옥–꼭" 등의 말과 함께 손을 잡고
　　도와준다.

응용과 발전 학습

응용 학습 : ① 꽃을 꽂은 PET병 가장자리에 아동의 손이 다치치 않도록 예쁜 모양으로 자른
　　　　　　　시트 지를 붙여 꾸민다.
　　　　　　② 물을 넣은 PET병 안에 짧게 부러뜨린 수수깡을 넣어 뚜껑을 잘 닫고 흔들어
　　　　　　　본다.
　　　　　　　⇨수수깡의 움직임을 살펴본다.
발전 학습 : ① 꽃이 피는 과정을 안다.
　　　　　　　⇨"꽃이 폈어요" 노래를 배운다.

> ⇨그림이나 사진을 보거나, 봄에 씨를 뿌려 싹이 트고 꽃이 피는 것을 직접 관찰해 알게 한다.
> ⇨관찰일기 쓰기: 씨, 싹, 줄기, 잎, 꽃, 수술, 암술 …
> ② 그림책 만들기
> ⇨도화지를 접어 책을 만든 다음 여러 종류의 꽃 사진이나 그림을 붙여 책을 만든다.
> ⇨꽃의 이름을 아동이 직접 써 보거나 맞는 이름 카드를 찾아 사진 아래 붙인다.
> ⇨계절 별로 책을 만들고 각 계절에 피는 꽃의 사진을 붙인다.

① 수수깡 부러뜨리기 놀이를 한다.　② ①을 잘려진 PET병 안에 넣는다.　③ 색종이와 수수깡으로 꽃을 만들어 꽂는다.

15. 날아다니는 꽃잎 만들기

교육과정 관련요소
· 탐구 생활 – 과학적 탐구:도구와 기계에 관심 가지기
· 건강 생활 – 감각 및 신체 인식:감각 기관을 활용하기
· 표현 생활 – 표현:만들기와 꾸미기

참고 자료

준비물
큰 투명한 PET병(500㎖ 이상), 송곳, 색빨대, 구부러지는 빨대, 가위, 색종이, 펀치, 은박지, 상자 뚜껑

사전 준비
① PET병 뚜껑에 빨대가 들어갈 수 있게 송곳으로 구멍을 뚫어(송곳을 불에 달궈서 뚫는다) 준비한다.
② PET병 몸통 아래 부분에도 듬성듬성 구멍을 뚫는다.

활동 내용
① 여러 가지 빛깔의 빨대를 나누어 주고 튀어 나가지 않게 상자 안에 대고 가위로 자르게 한다.
② 아동이 잘 못 자르거나 너무 길게 자르면 교사가 아동을 도와 1㎝ 정도의 길이로 잘라준다.
③ 색종이를 펀치로 찍어 펀치밥을 많이 만든다.
　　⇨ 한 장씩 찍어 보게도 하고, 여러 장씩 겹쳐서 찍게도 한다.
　　⇨ 색종이를 펼쳐서 구멍이 몇 개 생겼는지도 세어 보게 한다.
④ 은박지를 가위로 잘게 오리게 한다.
⑤ 빨대 자른 것, 펀치밥, 은박지 잘게 오린 것 등을 PET병의 1/4정도까지 넣게 한다.
⑥ PET병의 뚜껑을 닫고 구부러지는 빨대를 끼워 입으로 불게 한다.
⑦ 교사가 입으로 불어주고 내용물이 어떻게 움직이는지 아동이 관찰하게 한다. 교사가 "야! 예쁜 꽃잎들이 날아다니는 것 같아요"라고 말해 줄 수도 있다.
⑧ 여러 번 반복해 본다.

아동의 반응 및 교사의 지원
① 가위질이 서툰 아동은 이중가위로 교사와 함께 자른다.
　　⇨ 안전 가위를 이용하여 아동이 다치지 않도록 주의한다.
　　⇨ 교사가 아동의 손을 잡고 가위의 벌어진 사이로 자를 것을 넣는다.

② 펀치를 사용 할 때 다치지 않게 주의한다.
　　⇨ 펀치의 벌어진 틈으로 색종이를 넣어야 함을 알려준다.

● 응용과 발전 학습

응용 학습 : ① 펀치밥을 상자에 담고 입으로 불기

① 색빨대 오리기 놀이를 한다.

② ①과 펀치밥등을 PET병 안에 넣는다.

③ 뚜껑에 빨대를 꽂아 불어본다.

16. 카드 만들기

● 교육과정 관련요소
· 표현 생활 – 표현:만들기와 꾸미기
· 언어 생활 – 말하기:경험, 생각, 느낌 말하기
　　　　　　　　읽기 · 쓰기에 관심 가지기:글자, 쓰기에 관심 가지기
· 사회 생활 – 개인생활:감정과 욕구 조절하기.
　　　　　　　　가정생활:가족과 협력하기

● 준비물
아세테이트지(16절지), 흰 도화지(8절지), 수채화 물감, 가위, 신문지

● 사전 준비
① 16절지 크기의 흰 도화지를 카드 모양으로 접어 아동 개인 당 2~3개씩 준비한다.
② 가로×세로 20㎝ 크기 정도의 아세테이트 지를 아동 개인 당 2개씩 준비한다.

● 활동 내용
① 아세테이트지 중간 부분에 2~3가지 빛깔의 물감을 적당량 짠다.
② ①위에 다른 아세테이트지를 덮고 아동이 손바닥으로 문지른다.
　　⇨손바닥으로 문지를 때 물감이 퍼지면서 나타나는 모양을 볼 수 있다.
③ 아세테이트지를 떼어 2장이 서로 같은 모양이라는 것을 관찰한다.
　　⇨2개를 비교하면서 "똑같다"는 말을 알게 해 준다.
④ 준비한 카드 앞면에 찍어 낸다.
　　⇨똑같은 그림을 2~3장 찍어 낼 수 있다.
⑤ 완성된 카드는 어버이날, 스승의 날, 생일 등의 카드로 사용한다.

● 아동의 반응 및 교사의 지원
① 도화지로 할 경우 물감이 퍼지는 것을 볼 수 없으나 아세테이트지로 하면 볼 수 있어서 아동이 더욱 흥미로와 한다.
　　⇨손에 물감이 묻을 것을 걱정하는 아동은 교사가 먼저 시범을 보여 손에 묻지 않는다는 것을 보여 주고 그 다음에 아동이 해 보도록 한다.
② 아동 2명씩 짝을 지어 서로 바꿔 찍어 본다.
③ 물감을 만지려 하는 아동에게는 이번의 조형활동은 손으로 만지는 것이 아니라는 것을 알게 한다.
④ 어버이날 카드로 만들고 가능하면 아동이 속지를 쓸 수 있게 한다.
　　⇨쓰기가 어려운 아동은 글자를 오려서 한 자씩 또는 단어 붙이기 등으로 대신한다.

응용과 발전 학습

응용 학습 : 아동의 얼굴 가운데에 세로르 도화지를 대고 거울을 통해 자신의 오른쪽·왼쪽 눈, 코, 입, 귀 모양을 관찰하게 한다.

⇨ 얼굴에 무엇인가 닿는 것을 싫어하는 아동은 교사의 얼굴을 이용하여 관찰하게 한다.

발전 학습 : "무엇이 무엇이 똑같을까" 노래에 맞추어 교실에서 똑같은 것을 찾아 노래하게 한다.

⇨ "무엇이 무엇이 똑같을까, 내 가방과 ○○가방이 똑같아요"

① 아세테이트지 2장을 마련하여 1장에는 물감을 짜고 나머지 한 장으로 그 위를 덮고 문지른다.

② ①에서 나온 모양을 카드 위에 찍어본다.

17. 손가락 장갑 만들기

교육과정 관련요소

· 탐구 생활 – 과학적 탐구:우리 몸에 대하여 알아보기
· 건강 생활 – 건강:적절하게 옷 입기
· 표현 생활 – 표현:만들기와 꾸미기

참고 자료

여러 종류의 장갑

준비물

흰 도화지(8절지), 물감, 물통, 스펀지(5cm×3cm×4cm), 스티로폼 그릇, 가위, 신문지, 휴지, 부직포, 풀

사전 준비

① 신문지를 바닥이나 책상 위에 펼쳐 바닥이 더럽혀지지 않게 한다.
② 재활용 스티로폼 그릇에 적당한 크기의 부직포를 깐다.
③ 실제 장갑을 주어 아동들이 껴 보고, 장갑은 언제 끼는지 알아본다.

활동 내용

① 물감과 물을 적당한 비율로 섞어 부직포를 깐 그릇에 붓는다.
② 아동이 ①에 손바닥을 대고 물감을 충분히 묻힌 뒤 흰색 도화지에 찍는다.
　⇨스펀지에 물감을 묻혀서 아동의 손바닥에 칠해 주어도 된다.
③ 같은 방법으로 2~3가지 빛깔을 준비해서 찍는다.
④ 물감이 마르기를 기다린다. 이 때 손을 깨끗이 씻는다.
⑤ 아동 스스로 마음에 드는 손바닥 모양을 고르게 하고 넉넉하게 테두리를 그려 준다
　⇨가위로 오려서 벽이나 천장에 걸어준다.
⑥ 2장을 붙여 장갑을 만들어 끼어본다.

아동의 반응 및 교사의 지원

① 물감이 손에 묻는 것을 싫어하는 아동은 손바닥 찍기 대신 손 모양을 본 떠서 거기에 도장이나 스펀지에 물감을 묻혀 찍어 본다.
② 스펀지의 촉감을 싫어하는 아동은 스펀지 대신 화장 솜이나 붓 등으로 칠해준다.
② 실제 여러 종류의 장갑을 보여 주고 아동들이 탐색하게 한다.
　⇨장갑을 안 끼려고 하는 아동은 손가락 끝 부분이 없는 장갑(장갑의 손가락 끝을 잘라서 사용)을 껴 보게 하거나 그것도 싫어하면 손으로 충분히 만져보게 한다.

● 응용과 발전 학습

응용 학습 : ① 발바닥을 찍어 신발장 등에 붙인다.

② 물고기 꾸미기

⇨ 전지에 큰 물고기를 그려 주고 손바닥을 찍어 비늘을 표현해 본다.

③ 부직포 장갑 만들기

⇨ 부직포 2장을 오려 펀치로 구멍을 뚫고 돗바늘에 털실을 꿰어 바느질을 하여 장갑을 만든다.

발전 학습 : ① 손가락, 발가락의 수를 세어본다.

② 장갑의 종류와 그 쓰임새를 안다.

⇨ 털장갑, 고무장갑, 비닐장갑, 면장갑, 야구 글러브, 권투 글러브, …

손바닥에 물감 묻혀 찍기놀
이를 한 후 오린다.

18. 손바닥 모양 조형물 만들기

교육과정 관련요소

· 탐구 생활 – 과학적 탐구 : 우리 몸에 대하여 알아보기

물체와 물질 탐색하기

· 표현 생활 – 표현 : 만들기와 꾸미기

참고 자료

손과 발 그림

준비물

석고가루, 손바닥이 들어갈 수 있을 크기의 일회용 도시락 2개씩, 신문지, 라카, 나무젓가락, 찰흙

사전 준비

① 신문지를 책상 위에 펼쳐 바닥이 더럽혀지지 않게 한다.
② 일회용 도시락에 석고가루를 한 봉지 넣은 후 물을 부은 다음 나무젓가락으로 잘 저어 어느 정도 굳으면 활동을 시작한다.

활동 내용

① 신문지를 책상 위에 펼쳐 바닥이 더럽혀지지 않게 한다.
② 찍기 적당할 정도로 굳은 석고액에 손바닥을 올려놓아 꾹 눌러 찍는다.
③ 다른 일회용 도시락에 찰흙을 넣어 평평하게 편 후 손바닥이나 손등을 눌러 찍는다.
④ 석고액을 만들어 ③에 붓는다.
⑤ 석고액이 완전히 굳으면 석고와 찰흙을 분리시킨다.
⑥ ⑤의 모양과 ②의 모양을 비교해 본다.
　　⇨ 실제 자신의 손과 손바닥 모양과도 비교해 본다.
　　⇨ 무엇이 찍혔는지 살펴 본다(지문, 손금, 손톱 …)
⑦ ⑥ 라카, 금분, 은분 등을 칠하고, 위 부분에 구멍을 뚫어 고리를 달아서 장식용 걸이를 만들 수 있게 꾸며준다.

아동의 반응 및 교사의 지원

① 손을 찍을 때 손가락을 적당히 벌리고 찍어야 모양이 예쁘게 나온다.
② 석고 가루는 미리 물에 타 놓아 살짝 굳혀서 사용한다.
③ 석고에 손바닥을 찍을 때 아동이 손을 많이 움직이면 모양이 제대로 나오지 않을 수 있으므로 교사가 아동의 손을 잠시 잡아준다.
④ 찰흙에 찍을 때는 힘을 주어 찍어야 모양이 뚜렷이 나타나므로 손의 힘이 부족한 아동은

교사가 아동의 손을 눌러준다.

⇨ 말랑말랑한 찰흙을 준비한다.

⑤ 석고가루와 석고액을 다루는 것이 처음부터 쉬운 것이 아니므로 미리 몇 번에 걸쳐 다루어 보고, 사용 요령을 익힌다.

● 응 용 과 발 전 학 습

응용 학습 : ① 발바닥도 찍어본다.

② 도화지에 손, 발을 올려놓고 싸인펜으로 그리고 오려서 친구의 것과 크기를 비교해 본다.

발전 학습 : 요리 실습하기 ; 핫케이크 만들기.

⇨ 물질의 변화 과정을 관찰한다(석고와 찰흙의 변화 과정을 안다).

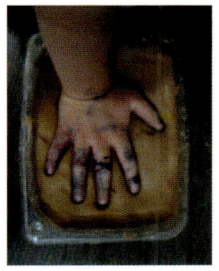

① 찰흙판 위에 손바닥을 찍는다.

② ①위에 석고액을 붓는다.

③ ②가 굳으면 찰흙을 떼어내고 볼록하게 찍혀진 손바닥 모양을 본다.

19. 밀가루 반죽을 이용한 나의 몸 만들기

● 교육과정 관련요소

· 탐구 생활 – 과학적 탐구:우리 몸에 대하여 알아보기
· 표현 생활 – 표현:만들기와 꾸미기
　　　　　　　　탐색:신체 각 부분의 다양한 움직임 탐색하기
　　　　　　　　감상:자연과 사물 및 조형 작품 감상하기

● 참고 자료
전신 사진이나 그림, 인형

● 준비물
밀가루 점토, 색 빨대 또는 모루, 가위, 신문지

● 사전 준비

① 밀가루 점토를 미리 준비해 둔다.
　⇨아동이 손으로 주무르기 쉬운 정도로 반죽을 해 놓는다.
② 신문지를 바닥이나 책상 위에 펼쳐 바닥이 더럽혀지지 않게 한다.
③ 밀가루 점토를 아동이 직접 만져 보면서 충분히 익숙해지게 한다.
④ 전신 사진을 보면서 신체의 구조에 대해 알아 본다.

● 활동 내용

① 교사가 밀가루 점토를 적당량 떼어 내어 손바닥에 올려놓고 양손으로 굴려서 동그랗게 머리 모양을 만들고 아동이 따라서 만들어 보게 한다.
② 교사가 몸통을 만들어 머리와 연결하고 아동이 따라 하게 한다.
③ 몸통에 빨대나 모루를 이용하여 팔과 다리를 표현한다.
④ 친구가 만든 것과 비교해 본다
　⇨ "어, ○○는 다리가 길어요" 비교해 보고 이야기를 나눈다.

● 아동의 반응 및 교사의 지원

① 밀가루를 반죽할 때 식용 색소 또는 물감을 넣으면 빛깔이 있는 반죽을 만들 수 있다.
② 반죽이 너무 질면 손에 많이 붙어서 아동들이 싫어할 수 있으므로 교사가 미리 만져 보고 손에 붙지 않도록 반죽을 한다.
③ 모방해서 만드는 것이 어려운 아동은 교사가 아동의 손을 잡고 도와서 만들거나 또는 교사가 여러 모양(공 모양, 네모 모양 …)으로 만들어 놓고 아동이 선택해서 만들도록 한다.
④ 팔 · 다리의 형태에 따라 앉아있는 모습, 서 있는 모습, 뛰는 모습 등을 표현할 수 있으므로 다양하게 꾸미도록 유도한다.
⑤ 미리 인형을 가지고 놀면서 우리 몸의 구조에 대해 알아본다.

● 응용과 발전 학습

응용 학습 : 밀가루 점토로 도넛, 꽈배기, 찐빵 모양을 만든다.

발전 학습 : ① 인형 놀이

⇨ 인형 옷 입히기, 목욕시키기, 머리 빗기기 등을 한다.

② 우리 몸이 하는 일을 알아본다.

⇨ "오른손 올려" 등 노래를 부른다.

⇨ "팔로 무엇을 할 수 있나요? - 공을 던져요" 등 이야기를 나눈다.

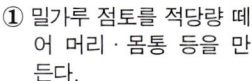
① 밀가루 점토를 적당량 떼어 머리 · 몸통 등을 만든다.

② 빨대나 모루를 이어서 사람 모양을 만든다.

20. 빵과자를 이용한 나의 몸 만들기

교육과정 관련요소

· 탐구 생활 – 수학적 탐구:공간과 도형의 기초 개념

　　　　　　　 과학적 탐구:우리 몸에 대하여 알아보기

· 표현 생활 – 표현:만들기와 꾸미기

참고 자료

전신 사진이나 그림, 인형

준비물

빵과자, 수수깡, 칼

사전 준비

① 내 몸의 구조를 살펴 보고 어떤 역할을 하는지 알아 본다

② 빵과자를 미리 먹어 보고, 손으로 잘라 보거나 탐색한다.

③ 책상 위에 큰 쟁반이나 도화지를 깔아 놓는다.

활동 내용

① 둥근 모양의 빵 과자를 손으로 잘라 ○, □, △ 등 모양을 만든다.

② 여러 모양 중에서 서로 같은 모양의 것을 찾아 본다.

③ ○, △, □ 등의 모양을 연결하여 몸통 모양을 만들고 거기에 수수깡을 이용하여 팔, 다리를 만든다.

　　⇨수수깡의 길이는 아동이 스스로 정해서 부러뜨리게 한다.

아동의 반응 및 교사의 지원

① 빵과자를 먹기만 하는 아동이 있는데 이럴 때는 교사가 여러 모양을 만들고, 아동과 함께 모양을 완성하는 것으로 아동을 참여하게 한다.

② 몸 만들기가 어려운 아동은 둥근 빵과자로 얼굴을 만든다.

　　⇨눈알을 붙이고 색종이로 코, 입을 오려 붙이고 털실 등으로 머리를 표현한다.

　　⇨빵과자에 눈, 코, 입 자리를 뚫어 가면처럼 얼굴에 써 보게 한다.

　　⇨노래 "눈, 눈, 눈, 책을 보고요~"를 부르며 활동한다.

③ 완성된 작품을 보며 누구 것이 더 키가 크고 작은지 이야기해 본다.

응용과 발전 학습

응용 학습 : ① 빵과자를 이용하여 집, 나무, 꽃 등 여러 모양을 만들어 본다.

　　　　　 ② 노래 "눈은 어디 있나? 여기"등을 부르며 눈, 코, 입, 귀를 지적하고 그 위치를

안다.

발전 학습 : 눈, 코, 입 등 신체 각 부위가 하는 일을 안다.

⇨ "친구는 무엇으로 보나요?" "만약 손이 없다면 어떨까요?"

① 뺑과자를 여러 모양으로
부수고 잘라본다.

② 수수깡과 함께 「나의 몸」
모양을 표현한다.

21. 슬리퍼 만들기

교육과정 관련요소

· 건강 생활 – 건강:적절하게 옷 입기
· 표현 생활 – 표현:만들기와 꾸미기

준비물

두꺼운 도화지, 색종이, 풀, 가위, 모루, 펀치, 슬리퍼

사전 준비

① 두꺼운 도화지를 아동의 발바닥 크기로 2장씩 잘라 놓는다.
② 실제 슬리퍼를 아동과 함께 살펴 본다.

활동 내용

① 발바닥 모양의 도화지를 2장씩 고른다.
② 발바닥에 대어 보고 왼쪽, 오른쪽을 정한다.
③ 발바닥 부분에 색종이를 찢거나 모양을 오려 붙여 장식한다.
④ 모루를 끼울 자리에 펀치로 구멍을 뚫는다.
⑤ 여러 빛깔의 모루 중에서 좋아하는 빛깔의 모루를 골라 'x' 나 '=' 모양으로 끼우고 매듭을
   맨다.
⑥ 완성된 슬리퍼를 신고 걸어 본다.

아동의 반응 및 교사의 지원

① 신발은 왼쪽, 오른쪽이 있으므로 잘 살펴 보고 만들도록 한다.
② 색종이 찢기가 어려운 아동은 교사가 미리 조금 찢어 준 후 찢어보게 한다.
   ⇨휴지 등 부드러운 종이를 이용하여 찢기 연습을 할 수 있다.
   ⇨교사와 마주 잡고 아동이 잡아당겨 찢게 할 수 있다.
③ 슬리퍼 신기를 싫어하는 아동은 강요하지 말고 먼저 손에 껴 보거나 다른 친구들이 신은
   모습을 보여 주어 스스로 신어 보게 유도한다.

응용과 발전 학습

응용 학습 : 종이 슬리퍼, 어른 신발, 비닐봉투 등 여러 종류의 신발을 신어본다.
발전 학습 : ① 여러 상황에 맞는 신발을 안다.
                  ⇨슬리퍼, 샌들, 방한화, 등산화, 장화 …
              ② 왼쪽, 오른쪽을 안다.
                  ⇨오른손 · 왼손, 장갑의 왼쪽 · 오른쪽, 눈의 왼쪽 · 오른쪽 …

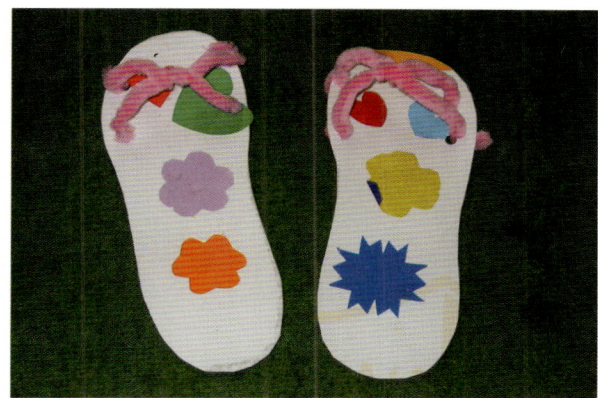

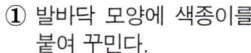

① 발바닥 모양에 색종이를
붙여 꾸민다.

② 모루를 이용하여 슬리퍼
를 완성시킨다.

22. 풍선 물고기 만들기

교육과정 관련요소

· 표현 생활 – 표현:만들기와 꾸미기

　　　　　　　　여러 가지 소리 만들기

· 탐구 생활 – 과학적 탐구:생물에 대하여 관심 가지기

참고 자료
물고기 그림이나 사진

준비물
색종이, 가위, 딱풀, 여러 빛깔의 풍선, 유성마커, 셀로판테이프, CD 플레이어

사전 준비

① 교사는 여러 빛깔의 풍선을 준비하여 불어 준다.

　⇨풍선이 너무 팽팽하거나 크면 잘 터지므로 너무 크지 않게 분다.(5~6세 아동의 머리 크기 정도가 적당)

② 바람이 세어 나가지 않도록 묶어 준다.

③ 아동들이 가지고 놀도록 시간을 준다.

④ 물고기 모양을 살펴본다.

활동 내용

① 불기가 가능한 아동은 풍선을 불어 묶는다.

② 골라 놓은 색종이를 자유롭게 찢거나 오린다.

③ ②의 색종이를 지느러미, 비늘 모양으로 풍선에 붙인다.

　⇨딱풀로 붙인 후 셀로판테이프로 한 번 더 붙인다.

④ 유성마커로 물고기 눈을 그린다.

⑤ 음악에 맞추어 완성된 풍선 물고기를 손으로 치며 논다.

아동의 반응 및 교사의 지원

① 풍선을 무서워하는 아동은 조금 멀리서 바라 보게 하고 친구들의 활동 모습을 관찰하게 한다.

　⇨점차 거리를 줄여 아동이 활동에 참여할 수 있게 해 본다.

② 풍선에 굵은 빨대를 묶어서 불기 연습을 한다.

③ 색종이를 붙일 때 풍선이 터지지 않도록 주의한다.

　색종이대신 셀로판 용지를 사용할 수 있다.

　⇨셀로판테이프를 떼면 풍선이 터지므로 떼지 않도록 조심한다.

④ 활동이 모두 끝나면 벽이나 천장에 매달아 놓고 감상한다.

● 응용과 발전 학습

응용 학습 : ① 풍선에 눈, 코, 입 등을 붙여 친구 얼굴을 만든다.

② 긴 끈을 단 풍선을 불었다가 놓아 로켓처럼 날려 보고 아동이 그 끈을 잡아당겨 풍선을 잡고 다시 불어 본다.

발전 학습 : 바다 생물에 대해 알아 본다.

⇨꽃게, 오징어, 거북 등 바다 생물의 사진을 보고 여러 재활용 용기로 바다 생물을 만들어 본다.

① 색종이를 자유롭게 오리거나 찢는다.

② 풍선에 ①의 색종이를 붙여 물고기 모양으로 꾸민다.

23. 모래상자와 조개껍질로 꾸미기

교육과정 관련요소

· 사회 생활 – 사회 현상과 환경 : 주변 지역에 관심 가지기
· 탐구 생활 – 수학적 탐구 : 분류하기와 순서 짓기
　　　　　　　　　　　　공간과 도형의 기초 개념 알기
· 표현 생활 – 탐색 : 형태 탐색하기

참고 자료

바다에 관한 그림책

준비물

Y-셔츠 상자, 모래, 돌멩이, 조개 · 소라껍질 등

사전 준비

① 바닷가에는 무엇이 있는지 교재를 보면서 이야기를 나눈다.
② 모래는 채에 걸러서 불순물을 제거한다.

활동 내용

① Y-셔츠 상자에 모래를 담는다.
② 준비한 돌멩이, 조개 · 소라껍질 등을 모래 속에 숨겼다가 찾기 놀이를 한다.
③ 돌멩이, 조개, 소라를 같은 종류끼리만 모아 본다.
④ 돌멩이, 조개, 소라를 이용해서 모양을 만들어 본다.
　　⇨ ○, △, □ 등을 모래에 그려 주고 그 선을 따라 놓아 본다.
④ 모래 위에 손가락으로 그림도 그리고 쌓거나 여러 가지 모양도 만든다.

아동의 반응 및 교사의 지원

① 모래를 뿌리는 아동이 있을 수 있으므로 주의한다.
② 모래에 물을 약간 뿌려 주고 활동할 수 있다.
③ 모래 만지는 것을 싫어하는 아동은 숟가락이나 모래 놀이 도구를 이용하여 활동에 참여하
　게 한다.
④ 조개나 소라껍질이 깨지면 손을 다칠 수 있으므로 주의한다.
　　⇨ 깨진 것은 골라 낸다.
⑤ 조금 큰 상자를 이용하여 친구들과 공동 작품을 만들어 교실에 전시한다.

응용과 발전 학습

응용 학습 : ① 모래상자에서 "두껍아 두껍아" 놀이를 한다.

② 물을 담은 대야에 소라, 조개 등을 넣고 종이배를 만들어 띄운다.

발전 학습 : ① 상자에 찰흙으로 산을 만들고 나무모양의 나뭇가지를 꽂는다. 매미를 접어 나무에 붙인다.

⇨ 바다와 산의 모습을 비교하여 본다.

⇨ 노래 '참 재미있었지' 를 부른다.

② 조개껍질에 구멍을 뚫고 실에 꿰어 목걸이를 만든다.

③ 책상 위에 조개, 소라, 조개, 소라 … 차례대로 늘어놓기 놀이를 한다.

모래 속에 조개·소라껍질 등을 숨겼다가 찾기놀이를 한다.

24. 빛깔 얼음으로 그리기

● 교육과정 관련요소

· 탐구 생활 – 과학적 탐구:물체와 물질 탐색하기
· 표현 생활 – 표현:그림 그리기
　　　　　　　 감상:예술적 표현 존중하기

● 준비물

빛깔 얼음(식용 색소 또는 물감을 넣어 얼린다), 도화지

● 사전 준비

① 물에 식용 색소(물감)를 타서 얼음 얼리는 용기에 담아 얼려 놓는다.
　　➡ 중간에 막대를 넣고 얼려 손잡이를 만든다.
② 책상 위에 신문지를 깔아 놓는다.

● 활동 내용

① 빛깔 얼음을 만져 보고 이리저리 탐색해 본다.
② 도화지 위에 빛깔 얼음으로 이리저리 그림을 그려본다.
③ 친구들 것과 바꿔 여러 가지 빛깔로 그린다.
④ 자신과 친구들의 작품을 서로 감상한다.

● 아동의 반응 및 교사의 지원

① 활동 하루 전날 아동과 함께 냉동실에 얼음 용기를 넣는다.
② 얼음을 얼릴 때 색소는 너무 옅지 않게 한다.
　　➡ 옅으면 도화지에 그림이 잘 나타나지 않을 수 있다.
③ 그림 그리기를 어려워하는 아동은 "쭈욱~쭉" 등 말로 이끌어 주며 무엇이든(선이나, 색칠
　　하듯이) 그리게 하고 교사가 "와, ○○ 같아요. 아주 멋져요"하고 그림을 칭찬해 준다.

● 응용과 발전 학습

응용 학습 : 노래 "얼음 과자"를 부르고 찬 음식을 많이 먹으면 어떻게 되는지 이야기를 나눈다.
발전 학습 : ① 얼음이 얼고 녹는 과정을 안다.
　　　　　　　 ➡ 얼음-따뜻하다(녹는다)-물 -춥다(언다)-얼음
　　　　　　② 크레파스를 초에 넣어 녹여 촛농으로 그림을 그린다.
　　　　　　③ 파라핀을 녹여 초를 만들어 본다.

빛깔 얼음을 탐색해본다.

25. 플라스틱 약병으로 그리기

교육과정 관련요소

· 표현 생활 – 탐색 : 소리 탐색하기, 움직임 탐색하기
· 탐구 생활 – 과학적 탐구 : 물체와 물질 탐색하기

준비물

작은 플라스틱 물약 병(약국에서 구입 가능하다), 대야, 물감, 흰 도화지(4절), 걸레, 휴지, 카메라

사전 준비

① 약 병 뚜껑을 열고 닫으며 놀게 한다.
② 약 병 뚜껑을 열고 손으로 병을 눌러서 바람이 나오게 한다.

활동 내용

① 대야에 물을 담아 약 병을 넣고 손으로 눌렀다 놓기를 반복하여 물이 병 속으로 들어갔다 나왔다 하게 한다.
② 약 병에 물을 넣어 물 밖으로 꺼내서 대야를 향해 물을 쏘아 본다.
③ 약 병에 물을 7부 정도 담고 물감을 짜 넣은 후 잘 흔들어 물감이 잘 섞이게 한다.
　　⇨너무 묽지 않도록 물감을 섞는다.
④ 신문지를 바닥이나 책상 위에 펼쳐 바닥이 더럽혀지지 않게 하고 그 위에 4절지 도화지를 올려놓고 약 병으로 쏘아서 그림을 그린다.
　　⇨물감이 흩어지는 모습을 관찰한다.
⑤ 친구들의 그림도 살펴본다.
⑥ 작품을 사진으로 찍어서 보여준다.

아동의 반응 및 교사의 지원

① 물놀이를 할 때는 넓은 비닐을 교실 바닥에 깔아놓고 활동한다.
② 물놀이 활동은 아동들의 통제가 어렵지만 매우 좋아하는 놀이이므로 시간을 여유있게 갖고 아동들이 충분히 해 볼 수 있도록 한다.
　　⇨교실에서의 활동이 어려우면 욕실을 이용한다.
③ 대야의 물에 옅게 물감을 풀어 주어 병속으로 물이 들어가고 나오는 것을 쉽게 보게 할 수 있다.
④ 자기 작품뿐 아니라 친구들의 작품에도 관심을 갖도록 작품에 대한 이야기를 나눈다.

● 응용과 발전 학습

응용 학습 : 양념통에 빛깔 모래를 담아 도화지 위에 모래를 뿌리며 흩어지는 모습을 관찰한
다.

⇨ 도화지에 풀로 밑그림을 그려주고 아동이 빛깔 모래를 뿌려 그림을 완성한다.

발전 학습 : 물 위에 뜨는 물건을 찾아본다.

⇨ 대야의 물에 여러 가지 물건들을 넣어 보고 뜨는 것과 가라앉는 것을 알아본다.

① 플라스틱 약병을 물 속에   ② 플라스틱 약 병에 물과
　　담그고 그 안에 물을 넣 　　　물감을 진하게 탄다.
　　었다 뺐다 반복해 본다.

26. 물총으로 그리기

교육과정 관련요소

· 탐구 생활 – 과학적 탐구:도구와 기계에 관심 가지기
· 건강 생활 – 기본 운동 능력:조작 운동하기
· 표현 생활 – 탐색:형태 탐색하기

준비물

물총, 물감, 물통, 전지, 신문지, 셀로판테이프, 휴지, 걸레

사전 준비

물총을 보여 주고 사용 방법, 놀이 방법 등에 대하여 가르쳐 준다.

활동 내용

① 물총에 물을 넣어 밖에 나가 쏘아 본다.
　⇨벽이나 땅바닥 등에 물총으로 쏘아 물에 젖어 생기는 무늬와 모양을 관찰하게 한다.
② 물에 물감을 섞어 물총에 넣고 전지를 붙인 벽에 쏘아 보게 한다.
③ 여러 가지 빛깔의 물을 만들어 쏘아 보게 한다.

아동의 반응 및 교사의 지원

① 야외에서의 활동이 어려울 때는 교실에서 물총대신 분무기를 이용하여 활동한다.
　⇨교실 벽에 전지를 붙이고 바닥에 신문지를 깔아 둔다.
② 친구에게 물총을 쏘지 않도록 주의를 준다.
③ 물총이나 분무기를 작동하기 어려운 아동은 교사가 손을 잡아 도와주다가 점차 도움을 줄여 스스로 해 보게 한다.

응용과 발전 학습

응용 학습 : 물풍선 던지기
　　　　⇨물풍선에 여러 가지 빛깔의 물을 넣어 던지게 하여 벽이나 땅바닥이 젖어 생기는 무늬와 모양을 관찰한다.

① 물총을 벽과 바닥에 자유
　 로운 동작으로 쏘아 본
　 다.

② 물총 안에 물감을 섞은
　 물을 넣어 전지를 향해
　 쏘아 본다.

27. 비누거품으로 그리기

교육과정 관련요소

· 건강 생활 – 감각 및 신체 인식:감각 기관을 활용하기
· 사회 생활 – 개인 생활:감정과 욕구 조절하기
· 탐구 생활 – 과학적 탐구:물체와 물질 탐색하기
· 표현 생활 – 표현:만들기와 꾸미기

준비물

물비누, 대야, 유성매직, 여러 가지 색의 색상지, 걸레

사전 준비

활동할 교실 바닥에 비닐 등을 깔아 놓는다.

활동 내용

① 물을 반쯤 담은 대야에 물비누를 빨리 저어서 거품이 많이 생기게 한다
② 두 손을 대야에 담고 물을 만지며 느낌을 말해 본다.
③ 손에 거품을 약간 담아 냄새를 맡아본다.
④ 비누거품을 많이 만들어 색상지에 손으로 떠 옮긴다.
⑤ 색상지 위에 비누거품이 많이 생기도록 물비누를 짜고 손으로 비빈다.
⑥ 색상지 위의 비누거품으로 눈사람, 구름, 솜사탕 등을 만들어 본다.
⑦ 충분히 놀게 한 후 젖은 색상지를 잘게 찢는다.
⑧ 여러 가지 빛깔의 찢겨진 색상지 조각을 뭉쳐 아동이 좋아하는 자동차, 집, 나무, 꽃 등을 만들어 본다.
⑨ 활동이 끝나면 손을 깨끗이 씻는다.

아동의 반응 및 교사의 지원

① 활동 내용보다는 비눗물 자체에만 관심을 보이는 아동은 너무 오래 비눗물을 만지고 놀지 않도록 시간을 정해 놓고 시간이 끝나면 아동과 함께 정리한다.
② 비눗물을 입에 넣을 수 있으므로 주의한다.
③ 색상지의 빛깔이 빠져 아동의 옷에 묻을 수 있으므로 앞치마 또는 작업복을 입고 활동한다.
④ 비누거품으로 모양 만들기가 어려운 아동은 교사와 함께 모양을 만들어 보거나, 색상지 위에 유성매직으로 그림을 그려주고 그 위에 비누거품을 올려놓아 모양을 만들도록 한다.

● 응용과 발전 학습

발전 학습 : 비누방울 찍기

⇨ 교사가 빨대로 비누방울을 불어 주면 아동이 도화지로 비누방울을 받아 도화
지 위에 떨어진 비누방울이 터지며 생기는 모양을 관찰한다.

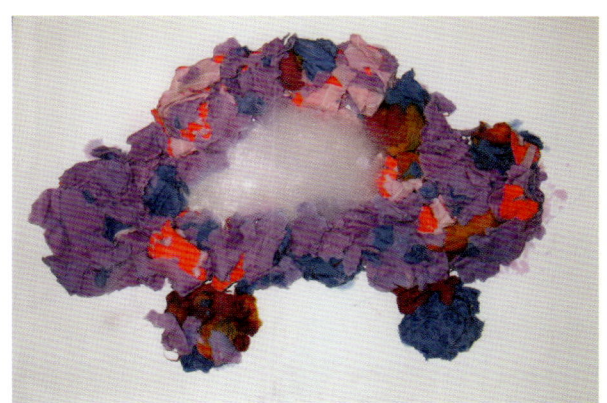

① 비누거품 놀이를 한다.

② 두 손으로 비누거품을 색
상지에 떨어뜨리고 손바
닥으로 비벼서 여러 모
양을 만든다.

③ 젖은 색상지를 잘게 찢는
다.

④ 잘게 찢은 색상지를 이용
하여 자동차, 집, 나무,
꽃 등을 만든다.

28. 야채를 이용한 동물 만들기

교육과정 관련요소

· 탐구 생활 – 과학적 탐구:생물에 대하여 관심 가지기

물체와 물질 탐색하기

· 언어 생활 – 말하기:경험, 생각, 느낌 말하기

· 표현 생활 – 표현:만들기와 꾸미기

참고 자료   동물 그림이나 사진

준비물   야채, 칼(소꿉놀이 용), 이쑤시개

사전 준비

① 고추, 피망, 연근, 양파, 감자, 가지 등 다양한 야채의 이름을 알아 보고 냄새도 맡아 보고 먹어 보기도 하며 탐색한다.

② 소꿉놀이 도구 칼을 이용하여 자르기를 해 본다

③ 동물의 그림이나 사진을 보고 각 동물의 생김새에 대해 미리 알아본다.

⇨특징을 표현하기가 쉬운 동물(고슴도치, 토끼, 기린, 개미, 코끼리 …)의 그림을 준비하고 그 중에서 하나를 골라 만들도록 유도한다.

④ 교사가 야채 몇 개를 적당한 크기로 잘라 놓는다.

활동 내용

① 만들고자 하는 동물을 정하고 그 동물의 그림을 각각 준비한다.

② 야채에 이쑤시개를 이용하여 각 부분을 연결한다.

⇨감자 3개를 이쑤시개로 연결하여 개미 몸을 만들고 이쑤시개로 다리를 표현한다.

③ 눈, 귀 등 세부적인 것은 교사가 그리거나 연결하여 표현한다.

④ 친구들이 만든 동물이 무엇인지 알아 맞혀 보고 이야기를 나눈다.

아동의 반응 및 교사의 지원

① 이쑤시개를 다룰 때 손을 다치지 않게 조심한다.

② 감자나 당근 등은 단단해서 이쑤시개 꽂기가 쉽지 않으므로 아동들은 호박이나 가지처럼 덜 단단한 야채를 이용하도록 유도한다.

③ 아동이 그림을 보고 동물을 만들기가 쉽지 않으면 교사가 만든 것을 보고 따라 만들게 한다.

● 응용과 발전 학습

응용 학습 : ① 야채의 겉과 속 모습을 알아본다.

발전 학습 : ① 여러 빛깔의 밀가루 풀로 그림 그리기

⇨ 오이, 당근을 갈아 밀가루 풀에 섞어 도화지에 손으로 그림을 그린다.

② 야채로 도장 만들어 찍기

⇨ 야채에 여러 모양의 그림을 파서 물감을 묻혀 찍는다.

① 소꿉놀이 도구 칼을 이용 하여 야채를 여러 모양 으로 자른다.

② 여러 모양으로 자른 야채 와 이쑤시개를 이용하여 동물 모양을 만든다.

29. 구름과 비 그리기

교육과정 관련요소

· 탐구 생활 – 과학적 탐구:자연 현상에 대해 알아보기

　　　　　　　　　　도구와 기계에 관심 가지기

· 표현 생활 – 표현:그림 그리기

참고 자료

비가 오는 장면이 나온 책

준비물

도화지, 색종이, 가위, 풀, 물감, 팔레트, 둥근 붓 15호 이상, 물통, 휴지, 신문지

사전 준비

사진이나 책을 통해 하늘의 구름 모양을 알아 본다.

활동 내용

① 팔레트에 물감을 풀어 회색을 만든다.

② 휴지를 뭉쳐서 물감을 찍어 도화지의 윗부분에 구름 모양으로 찍는다.

③ "구름이 까맣게 모였어요. 어떻게 될까요? …" 등의 이야기를 한다.

④ "먹구름이 모여서 곧 비가 올 것 같아요"라고 이야기하고 팔레트에 구름보다 밝은 회색이나 하늘색 등을 묽게 만든다.

⑤ 붓에 물감을 듬뿍 묻힌 뒤 도화지에 뿌린다.

⑥ 도화지를 세워 책상에 내리쳐서 뿌려진 물감이 흘러내리게 한다.

⑦ "비가 오면 무엇이 필요할까요?" 라고 묻고 아동이 대답하지 않으면 교사가 "우산이 필요하지요"라고 말한다.

⑧ 여러 가지 색종이로 우산 모양을 오려 도화지에 붙인다.

아동의 반응 및 교사의 지원

① 휴지로 구름 모양을 찍지 못하고 문지르는 아동들은 교사가 손을 잡고 같이 찍어본다.

② 붓에 물감을 묻혀 도화지에 뿌리기가 쉽지 않다.

　⇨도화지 밖으로, 또는 아동들의 옷 등에 뿌려질 수도 있으므로 미리 신문지를 깔아 놓거나 물감이 묻어도 될 옷을 입고 활동한다.

　⇨붓에 물감을 묻혀 손으로 짜서 도화지에 떨어뜨려 줄 수도 있다.

　⇨붓 대신 분무기를 이용하여 물을 뿌려 본다.

● 응용과 발전 학습

응용 학습 : ① 빗물 대신 솜을 작게 뭉쳐 붙여서 눈을 만든다.
⇨ "펑펑 눈이 와요."

발전 학습 : ① 비와 눈이 오는 과정을 안다. 실제로 유리 뚜껑이 있는 냄비에 물을 넣고 끓여
본다.
⇨ 물-수증기-구름-비(눈)
② 비가 올 때 쓰이는 물건들을 안다.
⇨ 우산, 비옷, 장화

① 휴지에 물감을 묻혀 구름
모양으로 찍는다.

② 물감을 도화지 윗부분에
뿌린 후 '탁' 쳐서 흘러
내리게 한다.

30. 활짝 웃는 해님 꾸미기

● **교육과정 관련요소**

· 탐구 생활 – 과학적 탐구:자연 현상에 대하여 알아보기

　　　　　　　수학적 탐구:기초적인 측정과 관련된 경험하기

· 표현 생활 – 표현:만들기와 꾸미기

● **참 고 자 료**　　해의 그림이나 사진

● **준 비 물**　　색종이, 가위, 풀, 도화지, 사인펜, 색연필 또는 크레파스

● **사 전 준 비**

빨간 색종이로 제일 큰 동그라미를 오리고, 주황 색종이로 중간 동그라미를 오리고, 노란 색종이로 제일 작은 동그라미를 오린다.

● **활 동 내 용**

① 도화지의 윗부분에 빨간 동그라미를 붙이고, 그 위에 주황 동그라미를, 맨 위에 노란 동그라미를 붙여 해를 만든다.

　⇨ 크기를 아는 아동은 큰 것부터 붙이도록 한다.

② "해님처럼 예쁜 꽃을 만들어 봐요."라고 이야기하고 여러 가지 빛깔의 색종이를 손으로 둥글게 뭉쳐 꽃 모양을 만든다.

③ 꽃을 도화지의 중간 부분에 풀로 붙인다.

④ 꽃마다 줄기를 그리고, 녹색과 연두색의 색종이를 가위로 오리거나 손으로 찢어서 잎과 줄기를 만들어 풀로 붙인다.

⑤ 각자의 작품을 감상한다.

● **아동의 반응 및 교사의 지원**

① 크기를 모르는 아동은 다른 친구 것을 보고 같은 빛깔을 찾아 붙이게 한다.

② 꽃을 만드는 색종이는 크기를 다르게 하여 꽃의 크기도 다양하게 만든다.

③ 풀로 붙이기를 할 때 붙여야 할 뒷부분에 풀칠을 하도록 알려 주고 어려워 하는 아동은 교사와 함께 풀칠하고 붙인다.

④ 오리기를 할 때 어려운 부분은 미리 교사가 오려 놓고 오리기 쉬운 부분만 아동이 오리도록 한다.

● 응용과 발전 학습

응용 학습 : 색종이로 여러 모양을 만든다.
　　　　　⇨ 꽃, 눈사람, 시계, 병아리…

발전 학습 : 밤의 하늘과 낮의 하늘을 꾸미며 밤과 낮의 차이점을 안다.

① 빨간, 노란, 주황 빛깔의 동그란 색종이를 이용하여 해님 모양을 꾸민다.

② 색종이를 뭉치고 찢어서 꽃 모양을 만든다.

31. 애벌레 만들기

교육과정 관련요소

· 탐구 생활 – 수학적 탐구:기초적인 측정과 관련된 경험하기

　　　　　　　　과학적 탐구:생물에 대하여 관심 가지기

　　　　　　　　　　　　도구와 기계에 관심 가지기

· 표현 생활 – 표현:만들기와 꾸미기

· 언어 생활 – 듣기:바른 태도로 듣기

참고 자료

애벌레 사진이나 그림

준비물

색종이, 가위, 풀, 크레파스, 스케치북, 접착 테이프

사전 준비

① 색종이에 적당한 넓이로 선을 미리 그어 놓는다.

　⇨길이를 조금씩 짧아지게 그려 준다.

② 애벌레의 사진을 보며 모습을 살핀다.

활동 내용

① 색종이를 선 따라 오린다.

② 오린 색종이에서 5개를 고른다.

③ 긴 길이부터(또는 짧은 길이부터) 순서대로 놓아 본다.

④ 제일 긴 것을 고르게 한 후 고리를 만들어 붙인다.

⑤ 그 다음 긴 길이를 골라서 또 둥글게 말아 원모양을 만든다. 같은 방법으로 5개의 고리를
　만든다.

⑥ 고리의 크기가 큰 순서대로 풀로 붙여서 애벌레 모양이 되도록 한다.

⑦ 교사가 색종이로 눈과 더듬이를 만들어 붙여 준다.

⑧ ⑦을 스케치북에 접착 테이프로 붙여 주고 아동에게 다리를 그려보도록 한다.

아동의 반응 및 교사의 지원

① 가위질이 어려운 아동은 이중가위를 이용하여 교사와 함께 가위질을 한다.

② 고리를 만들기가 어려운 아동은 색종이를 붙이는 부분(풀칠할 자리와 겹쳐지게 될 부분에
　그림으로 표시) 에 표시를 해 주어 쉽게 만들 수 있게 한다.

● 응용과 발전 학습

응용 학습 : ① 고리의 크기를 비교하여 큰 것과 작은 것을 안다.

② 애벌레의 길이를 비교하여 긴 것과 짧은 것을 안다.

발전 학습 : 나비가 나오는 과정을 안다.

⇨ 그림책을 통해 알에서 나비가 나오는 과정을 안다.

① 색종이를 다양한 길이로 자른다.

② 긴 것부터 순서대로 놓아 본다.

③ ②를 원 모양으로 말아 붙인 뒤 크기대로 놓아 보고 붙인다.

32. 롤러로 그리기

교육과정 관련요소

· 건강 생활 – 기본 운동 능력:신체 활동에 참여하기
· 표현 생활 – 표현:그림 그리기
· 탐구 생활 – 과학적 탐구:도구와 기계에 관심 가지기

준비물

롤러, 밀가루 풀, 대야 2~3개, 물감, 전지, 셀로판테이프, 물수건, 갈아입을 옷

사전 준비

① 밀가루 풀을 쑤어 대야에 담아 놓는다.
　　⇨ 손으로 만지고 냄새도 맡아보는 등 충분히 탐색한다.
② 전지를 교실 벽에 붙이고 바닥에도 신문지를 넓게 펴 붙여 놓는다.
　　⇨ 아동들이 밟아도 찢어지지 않도록 잘 붙여 놓는다.

활동 내용

① 밀가루 풀에 아동이 좋아하는 빛깔의 물감을 탄다.
② 아동들이 풀을 저어 빛깔이 고루 섞이게 한다.
　　⇨ "짜잔, 예쁜 빛깔이 됐네"
③ 롤러에 풀을 충분히 묻혀 전지에 칠한다.
　　⇨ "아래로, 위로, 옆으로" "쓰윽" 등으로 표현해 주어 아동의 활동을 유도한다.
④ 여러 빛깔을 골고루 칠하게 한다.

아동의 반응 및 교사의 지원

① 풀을 벽의 전지에 바를 때 아동의 몸에 묻지 않도록 주의를 준다.
　　그러나 지나치게 아동의 활동을 제지하지는 않는다.
② 손이나 얼굴 등에 묻는 것을 싫어하는 아동은 물수건을 준비해 두었다가 닦아 준다.
　　⇨ 풀을 손이나 팔 등으로 마구 만지는 아동들도 물수건을 준비해 두었다가 닦아 준다.
③ 롤러를 잘 사용하지 못하는 아동은 교사가 손을 잡아 함께 사용법을 익힌 다음 아동 혼자
　　서 굴려보게 한다.
④ 아동들이 갈아입을 옷을 준비해서 활동이 끝나면 갈아입힌다.

● 응용과 발전 학습

응용 학습 : 풀 대신 물감을 이용하여 활동한다.

⇨전지에 재 접착 풀을 붙인 선 모양의 도화지를 붙이고 롤러로 빛깔을 칠한 다음 물감이 마르면 선을 떼어 낸다.

발전 학습 : 인스턴트 스프를 이용하여 요리실습을 한다.

① 밀가루풀과 물감이 잘 석이도록 한다.

② ①을 롤러에 묻혀 전지에 굴려본다.

33. 자동차와 찻길 그리기

교육과정 관련요소

· 탐구 생활 – 과학적 탐구:물체와 물질 탐색하기

　　　　　　수학적 탐구:공간과 도형의 기초 개념 알기

· 표현 생활 – 표현:그림 그리기

참고 자료

자동차 광고지

준비물

도화지, 자동차 그림, 가위, 풀, 크레파스

사전 준비

① 신문, 잡지, 교재 등에서 여러 가지 종류의 자동차 그림을 오려둔다.

　　▷똑같은 모양이 2개 이상 되게 한다.

활동 내용

① 오려둔 자동차 그림을 종류별로 도화지에 붙인다.

　　▷아동 수대로 여러 종류를 붙인다.

② 아동은 도화지에 붙여진 자동차와 똑같은 자동차를 찾아서 그 위에 올려놓는다.

③ 놀이가 끝나면 도화지에 붙여진 자동차 밑에 '쭉' 선을 그어 찻길을 그린다.

④ ③에 나름대로 자동차를 그려본다.

　　▷자동차 모양과 닮지 않아도 격려해 준다.

아동의 반응 및 교사의 지원

① 도화지에 자동차를 붙일 때 아동의 능력을 고려하여 개수를 조절한다.

② 같은 모양의 자동차 찾기가 어려운 아동은 빛깔을 단서로 찾을 수 있도록 자동차 빛깔을 배려하여 붙인다.

③ 찻길을 그리고, 신호등이나 길거리에서 볼 수 있는 표지판 등도 활동 내용에 포함시킬 수 있다.

응용과 발전 학습

응용 학습 : ① 자동차 이름을 안다.

　　　　　　▷여러 회사에서 나오는 자동차의 이름을 알아본다.

　　　　　　"우리 아빠 차는 ○○○예요"

　　　　② 신호등의 빛깔과 기능을 알아 본다.

발전 학습 : ① 자동차와 사람이 다니는 길, 방향에 대해 안다.

　　　　② 교통 안전 규칙에 대해 안다.

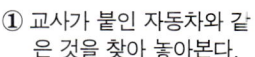

① 교사가 붙인 자동차와 같은 것을 찾아 놓아본다.

② 자동차 그림 밑에 길과 신호등 등을 그려준다.

34. 햇과일 그리기

교육과정 관련요소

· 표현 생활 – 탐색 : 형태 탐색하기

　　　　　　　표현 : 그림 그리기

· 언어 생활 – 말하기 : 경험, 생각, 느낌 말하기

참고 자료

과일 그림책

준비물

A4 용지, 유성마커, 여러 가지 과일 그림이 나와 있는 책, 햇과일, 과도, 물감, 붓, 팔레트, 물통

사전 준비

A4 용지에 과일의 단면을 반쪽만 그려서 준비한다.

활동 내용

① 여러 종류의 햇과일 이름, 모양, 빛깔, 냄새에 대해 이야기 나눈다.

② 과일을 반으로 잘라 단면을 살펴 본다.

③ 미리 준비한 과일 반쪽 그림을 아동들에게 나누어 주고, 나머지 반쪽을 그리게 한다.

　　⇨ 실제 과일이나 교재를 보면서 그리게 할 수도 있다.

④ 잘 못 그리면 교사가 그려준 후 그 위에 아세테이트지를 올려놓고 유성마커로 밑그림을 따라 그리게 한다.

　　⇨ 아세테이트지 위에 그려진 그림에 물감으로 칠하고 A4 용지에 붙인다(물감이 덜 말랐을 때 붙이면 종이에 달라붙는다).

⑤ ④를 오려서 게시판에 붙여 준다.

아동의 반응 및 교사의 지원

① 과도를 사용할 때 아동이 다치지 않도록 안전에 주의한다.

② 반으로 자른 과일을 여러 종류 섞어 놓고 아동이 서로 같은 과일을 찾아 붙여 본다.

③ 과일 밑그림을 따라 그리기가 어려운 아동은 펜을 잡은 교사의 손위에 아동이 손을 올려 놓게 하고 그려본다.

④ 감자 깎는 칼을 이용하여 아동이 직접 과일 껍질을 벗겨 보게 할 수 있다.

⑤ 활동 중 아동이 과일을 먹을 수 있으므로 과일을 충분히 준비한다.

⑥ 과일의 속과 겉 그림을 준비하여 활동 후 서로 맞는 그림을 찾아보도록 한다.

● 응용과 발전 학습

응용 학습 : ① 여러 과일의 씨 모양을 알 수 있다.

② 빛깔로 연상되는 과일을 알 수 있다.

⇨ 빨강:사과, 딸기 / 주황:감, 귤 / 노랑:바나나, 참외 …

발전 학습 : ① 과일 그림 중 일부분만 보고 어떤 과일인지 알 수 있다.

② 각 계절에 나는 과일을 알 수 있다.

① 여러 종류의 햇과일을 준비하고 탐색한다.

② 반으로 잘라 단면을 살펴본다.

③ 미리 준비한 과일 반쪽 그림을 주고 나머지 반쪽을 그리게 한다.

35. 점토와 곡식 이용하여 꾸미기

교육과정 관련요소
· 표현 생활 – 표현:만들기와 꾸미기
· 탐구 생활 – 과학적 탐구:우리 몸에 대하여 알아보기
　　　　　　　　　　　　자연 현상에 대하여 알아보기
· 언어 생활 – 듣기:이야기를 듣고 이해하기

참고 자료
가을 들판의 사진이나 관련 그림

준비물
천사 점토(또는 지점토나 밀가루 점토), 여러 종류의 곡식들(쌀, 콩, 팥, 보리, 수수, 조 …), 신문지, 야쿠르트 통, 목공용 풀, 빨대, 모루

활동 내용
① 가을은 곡식과 과일 등 봄부터 가꾸었던 것들을 수확하는 계절이라는 것을 설명해 준다.
② 여러 가지 곡식에 관련된 그림이 그려진 교재를 준비하여 쌀, 콩, 팥, 보리, 수수 등 실제의 곡식과 함께 보여 주며 이야기 나눈다.
③ 야쿠르트 통에 각종 곡식을 넣어 탐색해 본다.
④ 신문지를 책상 위에 펼쳐 놓는다.
⑤ 천사점토를 적당량 아동들에게 나눠 주고 야쿠르트 통 겉면에 붙이게 한다.
　　▷곡식 등이 빠져 나오지 않도록 윗부분까지 덮어서 붙인다.
⑥ 빨대와 모루를 적당한 길이로 자른 후 사람과 동물 모양을 만든다.

아동의 반응 및 교사의 지원
① 곡식을 코나 귀에 넣을 수 있으므로 안전에 주의한다.
② 곡식을 마구 휘젓는 아동도 있으므로 곡식을 관찰할 때는 한 가지씩 보여 준다.
　　또는 크고 깊은 상자를 준비하여 그 안에 곡식 담은 그릇을 넣어 관찰하게 한다.
③ 사람이나 동물 모양 만들기가 어려운 아동은 교사나 친구가 만드는 것을 보고 따라 만들게 한다.

응용과 발전 학습
응용 학습 : ① 여러 종류의 곡식을 같은 것끼리 분류할 수 있다.
　　　　　　　▷숟가락으로 떠 옮기게 한다.
　　　　　② 밑그림 위에 곡식을 붙여 그림을 완성한다.
　　　　　③ 점토를 둥글고, 길게 빚어서 컵을 만든다.

발전 학습 : ① 같은 소리가 나는 것을 찾을 수 있다.
　　　　　　➪쌀, 콩, 물을 넣은 야쿠르트 통 2개씩 준비하여 흔들어 보고 소리가 같은 것
　　　　　　　을 찾을 수 있다.
　　　　　② 계절의 자연 현상에 대해 안다.
　　　　　③ 각 동물의 특징을 알고 흉내를 내본다.

① 여러 종류의 곡식들을 탐　② 야쿠르트 통에 곡식을 넣　③ ②에 지점토를 붙이고 곡
　색한다.　　　　　　　　　　어 소리를 들어본다.　　　　식등으로 꾸민다.

36. 한복 꾸미기

교육과정 관련요소

· 사회 생활 – 사회 현상과 환경 : 우리나라의 상징과 전통에 관심 가지기
· 표현 생활 – 표현 : 만들기와 꾸미기

참고 자료

실제의 한복

준비물

한복이 그려진 그림(없으면 교사가 16절지의 도화지에 남자, 여자 한복을 그려 놓는다), 한복, 유성마커, 색종이, 가위, 풀, 스티커, 셀로판테이프, 아세테이트지

활동 내용

① 한복을 직접 보여 주며 한복에 대한 이야기를 해 준다.
② 한복의 생긴 모양에 대해 이야기 나눈다.
③ 한복 그림 위에 아세테이트지를 올려놓고 움직이지 않도록 셀로판테이프로 붙인다.
④ 한복을 따라서 그리고, 유성마커와 스티커, 색종이 등으로 꾸며서 완성한다.

아동의 반응 및 교사의 지원

① 아동이 따라 그릴 한복 그림은 너무 복잡하지 않은 것으로 준비한다.
② 한복 밑그림을 따라 그리는 것이 어려운 아동은, 아동이 교사의 손을 잡고 함께 그려보거나 교사가 아동의 손을 잡고 그린다.
③ 전래 동화 등을 보면서 우리 조상들의 생활 모습도 함께 지도한다.
④ 아동 한복이 있을 경우 입어 보게 한다.
   ⇨설날 전후에 한복을 입고 절 하는 방법을 배워 보고 윷놀이 등 민속놀이를 해 본다.

응용과 발전 학습

응용 학습 : ① 한복의 여러 명칭에 대해 알아 본다.
            ⇨치마, 저고리, 바지, 두루마기, 고름, 버선 …
          ② 한복 모양을 부직포로 오리고 둘레에 펀치로 구멍을 뚫고 돗바늘로 바느질을 한다.
발전 학습 : ①우리나라의 명절을 알아 본다.
            ⇨설날, 대보름, 추석, 단오 …
          ② 세계 여러 나라의 의상에 대해 알아 본다.

① 한복을 직접 보며 이야기 를 나눈다.

② 한복 그림 위에 아세테이 트지를 올려놓고 유성마 커로 따라 그린다.

37. 눈사람 만들기

● **교육과정 관련요소**

· 탐구 생활 – 과학적 탐구:자연 현상에 대하여 알아보기
· 표현 생활 – 표현:만들기와 꾸미기
· 사회 생활 – 가정 생활:가족과 화목하게 지내기

● **참고 자료**　　눈사람 그림

● **준비물**　　흰 빛깔의 병뚜껑(큰 것, 작은 것 다양하게 준비), 파란 빛깔 계열의 하드보드지나 골판지, 유성마커, 마른 나뭇가지, 목공용 풀, 화장지, 스티커

● **활동 내용**

① 하드보드지나 골판지 위에 흰 빛깔의 병뚜껑을 올려놓아 눈사람 모양을 만들 수 있다는 것을 가르쳐 준다.
② 눈사람 형제를 만들자고 제안한 후 크기별로 형과 동생 눈사람을 만들어 붙인다.
③ 나뭇가지를 이용하여 겨울나무를 꾸민다.
④ 유성마커로 얼굴, 손, 모자 등을 그리고 스티커로 단추를 꾸민다.
⑤ 화장지를 조금씩 떼어 눈송이를 표현한다.

● **아동의 반응 및 교사의 지원**

① 병뚜껑의 겉면을 바닥에 붙이는 것이 더 잘 붙는다.
② 흰 빛깔의 병뚜껑을 구하기 어려울 때는 스티로폼 공을 반으로 잘라서 사용한다.
③ 나뭇가지를 사용할 때 아동들이 다치지 않도록 안전에 주의한다.
④ 형제에 대한 이해가 부족한 아동들은 아빠와 아동을 만들 것을 제안하여 크기별로 만들게 한다.

● **응용과 발전 학습**

응용 학습 : ① 사포에 흰 크레파스로 눈사람을 그리고 색칠한다.
　　　　　　② 눈사람 크기를 비교하여 큰 것, 작은 것을 알 수 있다.
발전 학습 : ① 겨울철 놀이에 대해 알아본다.
　　　　　　　⇨ 눈싸움, 눈썰매, 스케이트, 스키 …
　　　　　　② 눈 모양으로 색종이를 오려서 창문이나 거울에 붙인다.

병뚜껑을 붙여 눈사람 모양
을 만들고, 화장지 조각으로
눈 모양을 꾸민다.

38. 트리 모양 카드 만들기

교육과정 관련요소

· 사회 생활 – 사회 현상과 환경:세계 여러 나라의 문화에 관심 가지기
· 언어 생활 – 읽기·쓰기에 관심 가지기
· 표현 생활 – 표현:만들기와 꾸미기
· 탐구 생활 – 과학적 탐구:도구와 기계에 관심 가지기

준비물

여러 빛깔의 화지, 색종이, 가위, 목공용 풀, 반짝이 풀, 스팽클, 별모양 스티커, 반짝이 모루

사전 준비

① 두꺼운 도화지에 15cm 정도 크기로 트리 모양을 그려서 오려 놓는다.
② 카드에 붙일 메시지를 인쇄하여 적절한 크기로 잘라 놓는다.
③ 화지를 1cm×3cm 크기로 잘라 놓는다.
➪ 카드 앞장과 뒷장을 연결할 때 사용한다.

활동 내용

① 오려 놓은 트리 모양을 색지 위에 올려놓고 따라 그리고 오린다(아동 개인당 2장씩).
➪ 움직이지 않도록 셀로판테이프로 붙이고 그리게 한다.
② 교사가 앞장이 될 면 중앙에 지름 3~4cm 크기의 ○를 뚫어 준다.
➪ 이 때 아동은 카드 뒷면에 메시지를 적어 넣는다.
➪ 쓰기가 어려운 아동은 미리 준비한 메시지를 붙인다.
③ 2장의 트리 모양의 윗부분을 떨어지지 않게 붙인다.
④ ②에서 뚫은 ○부분으로 반짝이 모루가 나오도록 뒷장 안쪽에 반짝이 모루를 ○로 만들어 붙인다.
⑤ 사전준비 ③의 네모 화지를 앞장, 뒷장 안쪽 하단에 붙여 연결한다.
⑥ 앞면에 스팽클, 스티커, 반짝이 풀 등을 이용하여 꾸며 카드를 완성한다.

아동의 반응 및 교사의 지원

① 활동 전에 즐거운 크리스마스 캐럴을 함께 불러 본다.
② 가위질이 서툰 아동은 이중가위를 사용하거나 교사가 아동의 손을 잡고 도와서 수행한다.
③ 반짝이 모루를 만지기 싫어하는 아동도 있으므로 그 아동에게는 일반 모루나 리본 테이프 등을 준다.

④ 카드 제작 과정을 차례대로 그려 주고 아동이, 다음 활동을 스스로 찾아서 하도록 할 수 있다.

⑤ 아동의 집 주소를 알아서 크리스마스 전후에 아동의 집에 도착할 수 있도록 보내준다.

● **응용과 발전 학습**

응용 학습 : 크리스마스에 관련된 것을 알아 본다.

⇨ 산타할아버지, 선물, 트리, 캐럴…

발전 학습 : 장식물을 만들어 트리를 꾸민다.

① 색지에 본을 대고 1인당 2장씩 그려서 오린다.

② 카드 앞장에 ○를 뚫어 내고 반짝이 풀 등으로 꾸민다. 뚫은 ○를 통해 뒷장 앞면에 반짝이 모루를 동그랗게 만들어 붙인다.

③ 카드 뒷면에 메세지를 적고 앞·뒷장 윗부분을 붙인다. 카드 안쪽 아랫부분을 띠모양의 색지로 연결하여 세워 본다.

39. 겨울 풍경 꾸미기

교육과정 관련요소

· 탐구 생활 – 과학적 탐구:자연 현상에 대하여 알아보기

· 언어 생활 – 말하기:경험, 생각, 느낌 말하기

· 표현 생활 – 표현:만들기와 꾸미기

준비물

8절이나 16절지 크기의 화지, 가위, 풀, 잡지나 그림책에서 오린 겨울에 관련된 그림들

활동 내용

① 그림책을 보며 겨울에 관한 이야기를 나눈다.

② 교사가 준비한 겨울에 관련된 그림 중에서 하나씩 골라 그것이 무엇인지, 이야기 나눈다.

③ 마음에 드는 것을 고른다.

④ 풀 붙이는 방법을 가르쳐 주고, ③에서 고른 그림을 화지에 붙이도록 한다.

⑤ 그림을 못 그리는 아동은 카드 모양으로 오려 놓은 색 켄트지에 ③을 1~2개씩 붙여서 카드로 만든다.

⑥ 그림을 그릴 수 있는 아동은 8절이나 16절지 화지에 ③의 그림을 붙이고 추가로 그리게 한다.

아동의 반응 및 교사의 지원

① 겨울에 관련된 실제의 사물을 준비하여 아동에게 보여준다.

② 겨울에 관련된 그림은 아동의 수준을 고려하여 준비한다.

응용과 발전 학습

응용 학습 : 겨울과 관련된 사물을 보고 그림 그리기나 만들기

⇨털모자, 장갑, 목도리, 마스크, 난로 …

발전 학습 : 사계절 풍경 꾸미기

① 잡지에서 겨울에 관련된
그림을 오린다.

② ①을 화지에 붙인다.

③ 추가로 그릴 것을 더 그
리고 이야기 나눈다.

40. 눈 위에 그리기

● 교육과정 관련요소

· 탐구 생활 – 과학적 탐구:자연 현상에 대하여 알아보기

　　　　　　　　　　　　　 물체와 물질 탐색하기

· 건강 생활 – 기본 운동 능력

· 표현 생활 – 표현:통합적으로 표현하기

● 준비물

물감(3가지 정도), 투명한 PET병(시중에서 판매하는 음료인 '뿌요뿌요' 나 '네버스탑' 과 같이 입구가 좁고 물의 양을 조절할 수 있는 PET병이 준비되면 더욱 좋다), 눈 또는 눈으로 할 수 있는 놀이에 관련된 그림책이나 교재

● 사전 준비

물총이나 PET병에 미리 물과 물감을 섞어 8부 정도 담기도록 넣어 둔다(3가지 정도의 빛깔을 준비 해 놓는다).

● 활동 내용

① 눈이 수북이 쌓인 날 밖으로 나가 눈을 만져 보고, 뭉쳐 보고, 눈사람도 만들어 보는 등 다양한 놀이와 눈에 대한 탐색을 한다.

② 눈 위에도 그림을 그릴 수 있다는 이야기를 해 주고, 어떤 방법이 있을까 생각해 보게 한다.

③ 눈 위를 자유롭게 뛰거나 걸어 다니며 발자국으로 어떤 그림이 그려졌는지 살펴 본다.

④ 눈 위에 몸을 구부려서 두 손으로 눈을 모아 가며, 긴 선모양의(직선, 곡선 등)그림이 그려지게 한다.

⑤ 나뭇가지나 막대기를 이용하여 그림을 그려 본다.

⑥ 물총이나 PET병에 담겨진 물감을 큰 동작으로 뿌리며 그림을 그려 본다.

⑦ 서로 다른 빛깔의 눈을 섞어서 어떤 빛깔로 변하는지 살펴 본다.

● 아동의 반응 및 교사의 지원

① 아동들이 눈에서 뛰어 놀고 탐색할 수 있도록 시간을 준다.

　⇨나타난 발자국 모양이 누구 것인지 알아 본다.

② 음료수 병의 물은 마실 수 없는 것이라는 사실을 알려 주고, 넘어져서 다치지 않도록 안전에 주의한다.

③ PET병을 아래로 해서 팔을 크게 움직이며 물감을 뿌리도록 한다.

④ 활동 후 눈을 그릇에 담아 실내로 들여와 따뜻해지면 어떻게 되는지 알아 보게 한다.

⑤ 활동 시간을 정해 주어 너무 오랫동안 추위에 노출되지 않도록 한다.

● 응용과 발전 학습

응용 학습 : ① 바닥에 발자국 모양의 시트지를 붙여 주고, 아동들이 따라 걷도록 한다.

　　　　　　⇨ ○, □ 등 여러 모양으로 발자국을 붙여준다

　　　　② 스티로폼 공 2개를 붙여 눈사람을 만들고 꾸미기를 한다.

　　　　③ 눈을 그릇에 담아 색종이, 팥 등으로 꾸며서 팥빙수를 만들어 본다.

발전 학습 : ① 온수와 냉수를 보고 "따뜻해요, 차가와요" 라고 표현할 수 있다.

　　　　　　⇨ 우리가 먹는 음식 중에서 따뜻한 것과 차가운 것을 생각해 본다.

　　　　　　⇨ 생각해서 말하기가 어려운 아동들은 여러 음식 카드 중에서 찾아 보도록 한다.

　　　　② 날씨에 대해 알아 보고 추운 겨울에는 어떤 놀이를 할 수 있는지 알아 본다.

❶ 눈이 온 날 눈을 만져 보고, 뭉쳐 보고 밟아 보고, 눈사람을 만들어 보는 등 눈

❷ 눈을 두 손으로 모아가며 긴 선모양을 표현해 본다.

❸ 눈 위에 나뭇가지나 막대기를 이용하여 그림을 그린다.

❹ 눈 위를 뛰고 걸어 다니며 나타난 발자국 모양을 본다.

❺ 눈 위에 물감을 넣은 물총이나 PET병으로 뿌려서 표현해 본다.

발달지체아를 위한
미술활동의 실제

초판 2쇄 · 2007 . 1. 15.

저 자 · 김경민 · 양경희
발행인 · 김요섭
발행처 · 다음세대

서울 · 동대문구 신설동 89-83 ㉾130-110
전화 · 927-2121~5(영업부)
928-3390~1(출판부)
팩스 · 928-0698

http://www.boyuksa.co.kr

등록 · 2005. 6. 14. 제5-443호

ISBN-89-5723-037-8-93370

값 7,000원